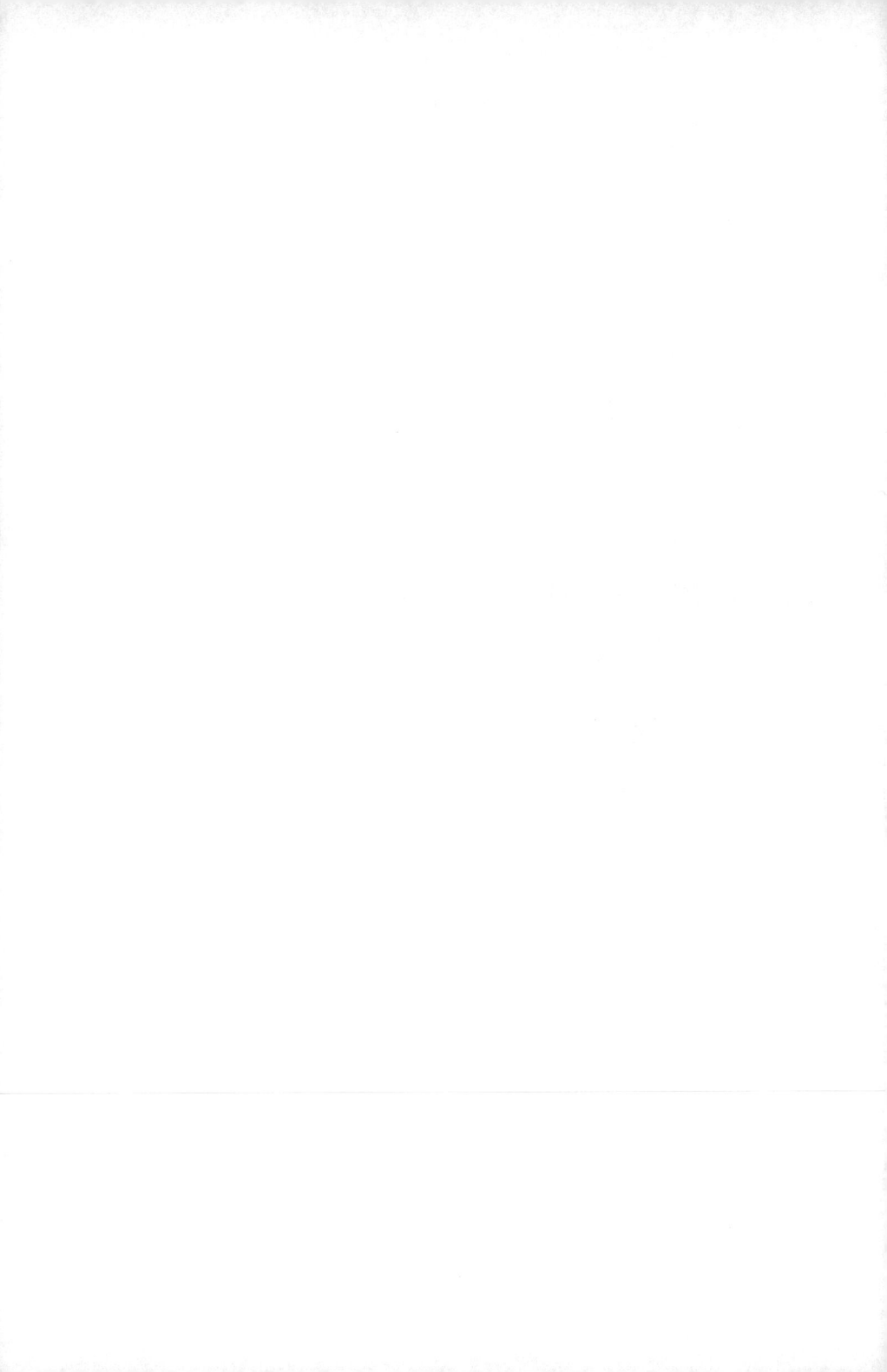

Inhaltsverzeichnis   Seite

5

Bububuch

Zettel 1: Kritische Masse Madizin

Bist Du jemals „wach" gewesen? In dieser Welt...
Oder ist nicht klar, dass all dies, metaphorisch
gesehen, ein schlechter Traum ist? Worauf ich
hinaus will, ist, dass die derzeitige politische
Landschaft mehr utopische sowie dystopische
Züge offenbart als mein, hier skizzierter,
Gegenentwurf. Die Richtung und innere Struktur
der Politik auf diesem Globus ist weder
demokratisch, noch kommunistisch, noch
christlich, noch auch nur annähernd
umweltbewusst und schon gar nicht wirklich
sozial oder ethisch oder funktional. Das Ausmaß
der vorhandenen Formen von Idcalismus, welcher
die menschlichen Werte vertritt, ist gering und
zudem im Schwinden begriffen. Was jedoch der
Bevölkerung verkauft wird, was in Medien gezeigt
und in Dauerschleife wiederholt wird, sind Bilder
einer intakten politischen Verfassung und die
Massen sollen denken, es sei weitaus mehr
Wahrhaftiges vorhanden, als dies in der Realität

der Fall ist. In Nachrichten von Katastrophen und Konflikten wird oft der andere Staat als hilfsbedürftig und schwach oder als Bedrohung dargestellt. So redet man von Gewaltenteilung als Errungenschaft. Die Wahlen, die allgemein, unmittelbar, frei, gleich und geheim seien, werden als Zeichen der Demokratie gar beinahe gefeiert. Dabei haben auch hier die Gegenentwürfe Vorteile, die man aufgibt. So hätten Wahlen, die nicht geheim wären, den Vorteil, dass man Leute auf ihre Entscheidung ansprechen könnte. In einem Gesellschaftsmodell, in dem teils Daten freier verfügbar wären, wäre auch eine nachteilige Reaktion auf Informationen eindämmbar. Die angeblich christlichen („Du sollst nicht töten." „Liebe Deinen Nächsten wie Dich selbst." „Was Du nicht willst, das man Dir tu, das füge keinem anderen zu.") Soldaten verteidigen die Religion mit Waffengewalt, greifen gar auch mal an. Anhänger der Tora, beziehungsweise der fünf Bücher "Mose" töten, zu großen Teilen unnötigerweise Tiere oder gar Menschen. Die Liste kann selbstverständlich fortgeführt werden. Sei es, dass UmweltschützerInnen in Urlaub

fliegen, sei es, dass Ärmere ausgebeutet werden,
sei es dass über Aktienhandel und
Fleischproduktion (was eigentlich quasi immer
Tierquälerei beinhaltet und in Tiermord endet)
Umwelt zerstört, Ethik verletzt, SklavInnen
geschaffen, Umwelt ausgebeutet,... wird, oder
ähnliches. Der entstehende Hunger, die Armut, die
Gewalt, die Angst,... führen zu Kosten und
Verwerfungen im Bereich des Sozialen, des
Finanziellen oder in der ökologischen Umwelt.
Die Ansätze von Gleichheit, Geschwisterlichkeit,
Freiheit, Gerechtigkeit,... sind vorhanden, es wird
eigentlich gewollt. Doch scheint man sich damit
zufrieden zu geben, das zu wissen und zu
erwähnen und sich mit einer Art Gutgläubigkeit in
den darauf basierenden, regelrecht primitiven und
dysfunktionalen Regeln des eigenen Systems
einzunisten und zu arrangieren. Was heißen soll:
Die Leute signalisieren, dass sie eine andere
Lebensweise anstreben würden, doch sie haben
keine große Idee, wie das funktionieren soll. Und
so lange nix Besseres im Spiel ist, macht man es
sich im Gewohnten bequem. Manche Menschen
haben nur den Glauben an Demokratie,

allmächtige Wesen, die "unsichtbare Hand" in der Wirtschaft (die eigentlich nur ein gesundes Eigeninteresse darstellt, welches auch in die Irre gehen kann und durch relativ zügellose Ausbeutung der Natur auch in die Irre geht), an die Wissenschaft (was zutiefst unwissenschaftlich ist, denn an die Wissenschaft zu glauben zeugt von einem "nicht verstehen" und kann in desaströse Ergebnisse münden). Dass die Mehrheit derzeit also nur diesen Glauben hat, ist bedauerlich und ein Zeichen "geistiger Armut", um mal einen biblischen Begriff zu benutzen. Der Zusammenbruch der von den Gläubigen natürlich nicht solide, aber mit oft guten Absichten, konstruierten Gesellschaften und Subkulturen, die über schwer zu bändigende Dynamiken verfügen, sind so zum Scheitern verurteilt. Das tun sie teils grandios und tendenziell scheint sich da eine Entwicklung abzuzeichnen, ein Trend.

Traditionelle Staaten bleiben sehr sicher nur stabil, solange sie die Umweltschäden eindämmen können, die Ausbeutung in ärmere Gesellschaften "outsourcen", Menschen und Natur verheizen, von ihrer Obrigkeit implizit geforderte Kämpfe und gar Kriege ausfechten, aufrüsten, andere Systeme und Staaten destabilisieren und genug Geld haben (das auch gleichzeitig eine solide Kaufkraft hat). All das sind, mal mehr, mal weniger, Formen der Gewalt und des Unrechts, gerade wenn es durch Konkurrenz betrieben wird und es wirkliche VerliererInnen gibt. Und gerade gläubige Menschen scheuen vor so etwas nicht immer so ganz zurück. Denn der Glaube, der nicht einer Realität entspricht, kann mit höchster Sicherheit nur in dysfunktionalen Einstellungen enden, die in der Folge schnell Frust, Aggression und letztlich Gewalt herbeiführen. Bedingt durch die Größe der beteiligten Gruppen endet das auch mal im Krieg, wo, wäre es nur der Streit einzelner, unbewaffneter gewesen, höchstens blaue Flecke das Endresultat gewesen wären. Versteht mich nicht falsch. Ich bin FÜR Nächstenliebe, Demokratie, Mündigkeit, Wissenschaft, Wirtschaften und Handel, Konsum, Waffen, Gewalt und Friedfertigkeit,… sogar für Spiritualität (eine Geisteshaltung, die viele „von der Stange" erhalten) denn ALL DAS kann, je nach Situation die Reaktion und das Konzept der

Wahl sein. Jedoch will ich auch ein "Über den
Tellerrand sehen" fördern, denn das Ausmaß der
Dummheit geht so weit, dass bereits die Mehrheit
nicht mal über den Rand eines
Frühstücksbrettchen hinweg schauen KANN.
Manche nageln sich das Brettchen gar vors
Gesicht. Natürlich: Stets wachsam sein, stetig am
"Puls der Zeit", auf dem aktuellen Stand, kostet
derzeit einen hohen Preis. Man muss eigentlich
immer zum Verändern der eigenen Meinung und
damit teils auch der eigenen Persönlichkeit bereit
sein. Und man muss auch dazu in der Lage sein.
Jedoch kann nur DAS die passende Reaktion und
der richtige Umgang mit einer sich wandelnden
und durch uns veränderten Welt sein! Konsum
darf beispielsweise nicht mehr, im derzeitigen
Umfang, zum Betäuben der eigenen Unfähigkeit
dienen. Denn die derzeitigen und teils
eskalierenden Probleme sind eine Krankheit, die
durch die "Wunde" des Schrittes aus der Natur
verursacht wird, den wir Fortschritt nennen.
Dagegen, also gegen den Schmerz, die Zerstörung,
Vivisektion,… der Natur und unserer Seele,
nehmen wir dann Medizin. Medizin wegen einer

Entfremdung, die traumatisiert und Medizin, die das erträglich macht und weitere Medizin, die Nebenwirkungen der ersten mindert und abhängig macht, sowie die Krankheit anwachsen lässt. Die Medizin oder sollte ich sagen Mad-izin ist dabei auch noch teuer. Aber man kann ja, die Dosis erhöhen und sich neue Drogen ausdenken, damit man die Eskalation des Wettbewerbs letzten Endes länger aushält als andere Systeme, mit denen man in Konkurrenz um Rohstoffe und Arbeitskraft und Aufrüstung steht. Die neuen Drogen sind dann subtiler, zerstören andere Bereiche der Wahrnehmung, der Intelligenz, der Gesundheit, der Umwelt,… sie kosten einen anderen Preis. Letztendlich können sie aber Gesellschaft und Wissenschaft und Alltag bereichern, wenn wir sie kontrollieren können. Das birgt eine potenzielle Lüge, mit der wir uns selbst täuschen und das entsprechende Risiko, alles zu verlieren.
ALLES!!!
Ist es oder sind wir immer so gewesen? Aus dem tieferen Abgrund der Schöpfung und aller Urknall-Ereignisse, dem ewigen Tod empor zu neuen Himmeln? Bis unser Aufstieg in seiner Kühnheit

und Vollständigkeit das All zerreißt,... Wir
wandern zu den Sternen und realisieren nicht, dass
man sich dort tausende Male mehr verlieren kann,
als heutzutage. Doch was kann man nicht alles
finden?! ALLES! SoldatInnen sterben, gehorchen
dabei den egoistischen Befehlen anderer. Auch
Du! Und dennoch schießen manche nicht auf die
Feinde, die teils nur ihr Spiegelbild sind.
Insgesamt geschieht doch, wenn man Leute nicht
aufhetzt, erstaunlich viel Gewalt NICHT! Es wird,
raubt man Leuten nicht Lebensgrundlage oder/und
Würde, bemerkenswert wenig Diebstahl, Gewalt
und Terror ausgeübt, gerade wenn man sich die
Geschichte Europas betrachtet.

Das negative Menschenbild führt nämlich oft auch
zu Menschen, die es widerlegen wollen. Negative
Ansichten können, durch Angst und
Angstbewältigung, zu Lösungen führen. Auch
wenn viele gerne alles nur positiv sehen möchten.
Andererseits: Wenn Menschen sich als gut
ansehen würden, müssten sie das auch leben. Die
fatalistische Sicht nimmt dazu den Druck und wird
teils zur selbsterfüllenden Prophezeiung. Die zu
75-90% mindestens ungültige Mär von der

Schlechtigkeit des Menschen glauben schwache Leute am ehesten. Und das oft, um die eigenen egoistischen Handlungen zu begründen. Wir bauen die Wiege neuen Lebens, mal auf Kohlenstoffbasis, mal aus Silizium. Die Erde ist immer perfekt, solange sie Leben zulässt und stetig am Wachsen und beständig im Wandel. Umwelt wird vom Menschen zerstört, um Profit abzuwerfen, Steuern werden von den ArbeiterInnen und BesitzerInnen von Baufirmen, Aktien,... bezahlt, die ArbeiterInnen zahlen, als Gruppe, teils noch mehr. Zunehmend werden Steuern für den Schutz und die Wiederherstellung dieser Natur verbraucht, mehr Kapital fließt in die Ausbeutung der Umwelt und der Menschen. Steuern halten Leute im Staat und am Arbeiten. Da verwundert es, dass gerade eine Reduzierung der Steuern auf eine Grundversorgung des Staates vielleicht gar eine Reduzierung auf NULL, die Ausbeutung, die Unzufriedenheit, die Unfreiheit, und damit Konsum und Umweltzerstörung stark runtersetzen würde. Doch DAS ist nicht erwünscht, zumindest nicht von der Elite . Denn die großen Projekte, der Expansion und des

Streben nach Macht durch Waffen und Werkzeuge, die die Elite vorantreibt, würden so ins Stocken geraten. Diese Elite schickt uns gegeneinander in Wettbewerb und Konkurrenz und motiviert uns dies und das zu kaufen, unzufrieden zu sein und deswegen noch mehr zu kaufen, Zeit und Kraft zu vergeuden und noch unzufriedener und gefangener zu sein. Während wir uns die "Erde UntertanIn" machen und die Eliten sich uns UntertanIn machen. ABER: So sind wir beschäftigt und haben eine Chance auf eine Zukunft im All und in Ewigkeit. Ist es das wert? Und: Ginge das alles nicht auch harmonischer? Antwort: Japp!

Zettel 2: Ein Kommentar

Zu einem Krieg im Nahen Osten, in dem gerade religiöse Gruppen gegeneinander aufgebracht werden, schrieb ich an eine Beteiligte aus meinem Umfeld: I can agree with most of your opinion's background. In war truth is said to be the first victim. But I am convinced that state and faith share their heritage in history and both are endless cause of war. Combined with economic „reasons", war will never end. Justice, the second victim, will propably be impossible unless you are omniscient and omnipotent. And to try to judge or even send someone to prison could be the next reason for further violence, because it could be unjust or felt unjust. Hope, I didn't offend you too much. - Die Meinung, die ich vertrete, im Kontext „Glaube", Krieg, Angst, ist sehr Angst behaftet, eine Angst, durch die man hindurch muss. Daher ist es relativ angeraten, vor der Besprechung solch beunruhigender Themen, gerade wenn man nicht die „Mainstream-Ansicht" vertritt, eine Atmosphäre des Vertrauens zu schaffen. Schmerzen zu betäuben, ohne die Ursachen zu mindern, nimmt die Motivation zum Heilen. Der

Schmerz wird so eher wachsen und man greift tendenziell zu stärkeren Betäubungen.
Medikamente gegen die Nebenwirkungen der ersten Medikamente, wie ich es erwähnte. Ein Lodern im Feuer der Furcht kann die Erfüllung des Traumes der Menschheit sein, der Freiheit und Macht. Dafür kann sich eine Betäubung lohnen. Doch vorsichtig: Die Betäubung darf keinesfalls die WAHRnehmung trüben. Der Schmerz muss sein, er soll bloß erträglich gemacht werden.

Zettel 3: Generation

Gene als "Repräsentation" von Erfahrung, Techniken, Reichtum,... als Währung.

Zettel 4: Haustiere

Welt, in der Gefängnisse verschrien sind, jedoch
dort eine weiterentwickelte Gesellschaft aufgebaut
wird, während die InsassInnen neue Wege der
Bewusstheit üben.

Dass Hunde ihnen gehorchen und dass Katzen sie
an sich heranlassen, bauchpinselt die einfach
gestrickten Leute so, dass das Wohlgefühl sie
darüber hinweg täuscht, dass vieles daran derzeit
nicht so gut IST. Menschen, die sich von
Haustieren abhängig machen und denken, dass die
Tiere das nicht, zumindest teils, steuern können,
täuschen sich immens. Die Wahrheit wäre für
manche niederschmetternd. Also fährt man auf
Kuschelmonster-Niveau herunter. Das fühlt sich
zumindest manchmal gut an. Gut ist das
unglücklicherweise weniger.

Zettel 5: Bling-Bling-Bumm

Die Leute wollen gut sein, aber auch besser sein, gerade als Kompensation für ihre Unterwerfung. Quasi niemand will schlecht sein, höchstens gut im Schlecht Sein! Daher werden weitaus mehr Leute im Namen des Guten gequält und getötet als im Namen des Bösen. Die „Bling-Bling-Mentalität" führt über die Grenzen, die dem Konsum (noch?) gesetzt sind, zu Ent-Täuschung. Unweigerlich. Vieles im Konsum ist geprägt durch fehlenden SINN oder den Eindruck, der SINN fehlte, und durch die begrenzten Ressourcen oder der Umgang mit der erreichbaren Natur, als hätte sie unbegrenztes Material zur individuellen Bereicherung. Derartige Illusionen enden absehbar in einer Neuorientierung oder in einem verfrühten ENDE. Ob die Neuorientierung erfolgt, bevor weite Teile der „Zivilisation" kippen und zerbrechen, ist fraglich und man kann es nur mit Spannung verfolgen, oder sich ablenken oder Lösungen ausdenken und vielleicht anwenden. Die Betäubung der Ängste, oft durch Aufrüstung, erfolgt demnach auch nur wegen der allgemeinen Orientierungslosigkeit. Kurz: Quasi niemand weiß wohin es geht, viele wissen nicht einmal, woher alles kommt. Und die Gewissheit der Gegenwart wird durch die vielen Zerstreuungen, eben diese Betäubung, nicht objektiv betrachtet. Die Ursachen sind im Dunkeln und die Betäubung hilft, von Tag zu Tag zu kommen, der Schmerz wächst währenddessen, weil die Betäubung und ihre Herstellung die Wunde Zivilisation wachsen lässt, während das Modell, in das sie umgeformt wird, kaum vorstellbar und daher als Struktur sehr diffus ist. Man kennt die eigene Baustelle, das Produkt der eigenen Arbeit kann jedoch ein krankhaftes Krebsgeschwür sein oder zu dessen Bildung beitragen. Ich stelle hier eine Lösung vor, eine "organische", denn ich füge getrennte Teile der Gesellschaft anders als gewohnt zusammen. Quasi totale Überwachung, wie es angeblich irgendwelche GöttInnen tun und wie viele es tabuisieren, kann, wenn man es gut managt, eine globale Abrüstung, gerade im ökologischen, ökonomischen und im Bereich der Gewalt, ermöglichen. DASS es einen Ausweg gibt, sollte nicht zum Anlass genommen werden, wie gewohnt weiter zu machen, gerade, weil der

Ausweg womöglich nicht dauerhaft gangbar sein könnte und eventuell kein weiteres sinnvolles Konzept mehr folgt. Man muss bei alledem äußerst vorsichtig sein, Angst ist unverzichtbar. Denn die perfekte Lösung ist auch total riskant und kann schier vollkommen im Desaster enden. Es geht schlicht um ALLES. Mit dieser Aussage will ich bloß informieren, kann aber nicht ganz vermeiden, dass die Perspektivlosigkeit, die droht, auch Panik hervorruft, je klarer die Bedrohung erfasst wird.

Zettel 6: UnzuFRIEDENheit

Das „Opium", welches den Leuten ermöglicht,
trotz der „Wunden", der „Entbindung" von Mutter
Natur, ein ruhiges Leben zu leben, verdecken die
Notwendigkeit einer Lösung und Heilung.
Symptome werden durch Narkose verdrängt,
während die Wunde und der Schmerz zunehmen.
Konsum, Unterdrückung und Ausbeutung von
Natur, gerade von Frauen (in Staaten, wo
Geburten sehr gefährlich und auch teils zudem
häufig sind, wo die Leute sich über viele
Nachkommen beruhigen), Beruhigung durch die
Macht über Wetter (die uns zunehmend entgleitet),
Haustiere (die auch teils Fleisch essen, an ihrer
eigenen Fortpflanzung gehindert werden, von
denen Gefahr ausgeht, die sozial von Menschen
unabhängig machen (weswegen wichtiges Lernen
und Anpassen der Besitzer an gesellschaftliche
Prozesse verzögert wird)), Drogenkonsum
(Alkohol, Rauchen, Kiffen,… aber auch das Lesen
von Fluchtliteratur, Gaming, Serien-Suchten,…),
aufwendiger Kochen und extrem gut essen, Autos,
Flugzeuge, Internet, Arbeit, Hobbys, Religion,…
all das sind zu großen Teilen die Symptome des

Wandels und der Konkurrenz. Und all das sind die
aus der Umwelt und unserem Verstand
entnommenen Medikamente und Drogen, die uns
weitermachen lassen. Doch, um sie zu gewinnen,
schaden wir der inneren und äußeren Natur. Das
wäre ja noch ok, wenn es so weitergehen könnte
und auf ein Ziel zustreben würde, bei dem die
Leute die Gewissheit eines Sinns im Blick hätten.
Nein, man orientiert sich am „Nachbarn/der
Nachbarin", der/die da auch kaum eine Ahnung
hat, den man teils dann einfach imitiert,
beziehungsweise mit ihm/ihr in eine Konkurrenz
oder in ein Bündnis wechselt,… Teils versteckt
man sich in der Masse, im Schwarm. Doch ohne
die richtigen Daten kann auch ein Schwarm oft
nicht intelligent sein. Das „einfach glauben"-
Modell ist jedenfalls zum Scheitern verurteilt.
Man hat mir Glaube als „Lösung" angeboten,
wenn ich da Schwachpunkte/Schwachsinn fand,
sagte man mir, „man muss nicht alles
hinterfragen". Das habe ich dann hinterfragt. Und
mein Ergebnis: Wenn man nicht alles hinterfragt
hat, kann man nicht wissen, ob man alles
hinterfragen muss oder ob man es nicht muss!

Klar, die Menschen denken möglichst einfach und sind faul, zudem vertrauen sie einander meist fälschlicherweise. Damit will ich nicht sagen, man solle Menschen nicht trauen. Man kann Menschen trauen, es sei denn, sie hängen an einer Programmierung, die fehlerhaft oder gar schlicht falsch ist. Es ist grundsätzlich ok, zu glauben, wenn man alles andere versucht hat und dennoch kein Konzept finden konnte. Die Problematik an den oben erwähnten Betäubungsmitteln, zu denen insbesondere der Glaube zählt, ist, dass genau diese, gerade wenn immer mehr Leute sich damit arrangieren, das Problem verschärfen. Denn es ist der Verbrauch von Ressourcen, der ohne sinnvolles Motiv, Ziel, Konzept,… eingesetzt wird und damit zunehmend Natur und damit UNS und die Biosphäre schädigt. Ja, damit wiederhole ich mich. Natürlich nutze ich die Werkzeuge auch, bloß mit einem global angelegten System als Baustelle, eine Baustelle, die die Wunden im Denken, Fühlen, Wahrnehmen, der Natur heilen kann. Würde ICH in einer Grotte leben, da wo die Natur NOCH ok ist und mich dem Problem nicht stellen, wäre ich nicht anders als die

NormalverbraucherInnen. Das mit der Höhle haben mir wirklich Leutchens vorgeschlagen. Das fällt als Option flach. So fließen 95% meiner Zeit in Recherche, Heilung meiner sozialen Umwelt und meiner eigenen Wunden, die Aneignung der Fähigkeiten, immer mehr Leute mit der Heilung „anzustecken", Lernen und Arbeiten um mir meine Arbeit leisten zu können. Selbst die Betäubung, die ich konsumiere, mündet in Konzepte, die allen helfen, Richtung Heilung und weg von Täuschung zu gehen. Gerade Männer haben, nahezu traditionell Machtgefühle, wenn sie über Frauen, Reproduktion, Kinder, andere Männer bestimmen zu können glauben. Die damit verbundene Bestätigung wird jedoch mit Recht, Richtigem, Rechtem verwechselt, bloß weil sich diese Macht "GUT" anfühlt. Narzissmus ist nur eine mögliche Folge. Das Selbstverständnis zur Macht befähigt zum Befehlen von Handlungen, die das Schicksal einzelner Menschen und gewaltiger Gruppen zu entscheiden und zu besiegeln vermögen. Der Gegenentwurf zur korrumpierten und korrumpierenden Macht ist das „Nicht-Tun", man handelt dabei natürlich und

selbstverständlich weiter, jedoch ohne übergriffig zu werden. Macht das "Richtige", anstatt das zu tun, was sich schlicht gut anfühlt. Wenn "Lösungen", die keine sind, einfach scheinen, das Problem aber nicht angehen, seid ihr vielleicht schnell Ursache für weitere Probleme.
Besitz wird angestrebt, weil er beruhigen kann. Geld, Land,... verschaffen Möglichkeiten und damit potentielle Macht. Dass quasi jeder Besitz einem auch genommen werden kann, führt dazu, dass Besitz auch beunruhigen kann. Mauern, Zäune, Regeln, Gesetze, Polizei, Militär, Gerichte, ... werden scheinbar notwendig. Und das, um die Privilegierten und ihr Zeug und Territorium vor den Opfern des Systems zu schützen. Der Prozess, die Gruppen der Besitzenden und Besitzlosen zu trennen und dennoch zu versorgen, verschlingt Ressourcen und führt gar zu Gewalt. Das kann die Natur, als Quelle der Ressourcen, nicht mehr dauerhaft leisten. Folge: Eskalation und gewaltsame Ausgleichs Versuche wie Krieg und Zusammenbruch, Umweltzerstörung. Zumindest, wenn kein brauchbares Alternativkonzept eingepflegt wird, ist eine Art katastrophaler

Zustand möglich. Emotionale
Schwingungsfähigkeit sowie andere Indikatoren
der Plastizität des Gehirns können durch
zunehmende Traumatisierung, durch das Wachsen
und das Kultivieren der "Wunde" erschwert
werden. DANN werden Gewalt und
Unzufriedenheit nahezu ausweglos. Das ist wenig
wünschenswert, gerade, weil ein Teil der Lösung
die Beendigung von UnzuFRIEDENheit ist. Was
bedeutet: Ihr müsst nur lernen, mit einem
vernünftigen „Genug" zufrieden zu sein, alle
gemeinsam, um das Leben zu bewahren. Verteilt
die Rohstoffe sinnvoll und gewährt euch Zeit und
Ruhe, dann beRUHigt sich die Lage. Beendet die
Konkurrenz, die euch gegeneinander hetzt und
führt stattdessen Wettbewerb MITeinander.
Klar, durch Glaube hat der weniger gebildete oder
an Bildung gehinderte Mensch das Gefühl, über
Macht zu verfügen. Das beruhigt viele, andere
verführt es dazu, diese Macht zu erproben. So hat
der Glaube das Potential zu Frieden und Krieg,
sowie die Motivation zu beidem inne. Gerade bei
größeren Gruppen kann das fatal sein, gerade,
wenn Gruppenzwang und Hierarchie in den

Gruppen vorkommen und wenn der Glaube
fehlerhaft ist oder gar praxisfern und vielleicht
unterdrückerisch. Glaube an alles Mögliche ist
denkbar, jedoch wird es absurd, wenn es zum
Glauben an Staat oder gar die Wissenschaft und
die Vernunft kommt. Nichts ist unvernünftiger und
unwissenschaftlicher und gefährlicher.
Wissenschaft, die Realität, „Wahrheiten" sind
beständig zu prüfen. Teils machen wir auch
deswegen Fehler, weil die Natur in uns mit
Wahrheiten erst zufrieden ist, wenn sie in 100%
funktionierende Konzepte münden.

Zettel 7: Komfortable Quälerei

Die Komfortzone zu verlassen ist gerade bei denen schwierig, die gefühlt kaum eine solche haben. Vielleicht wäre bei manchen eine größere Komfortzone die Grundvoraussetzung, um mal etwas in Ruhe zu genießen, zu lesen und nachzudenken. Reichtum ist vom Privatbesitz, von Bildung, Freizeit und vielen geringeren Faktoren bestimmt. Die Verteilung des Wohlstandes, ob man viel Geld, viel Wissen, viele Kinder,… hat, ist zum einen nicht komplett fair und zum anderen auch noch ineffizient. Ineffizient in dem Sinne, dass der Wohlstand mancher durch die Einbeziehung anderer Lebewesen viel besser genutzt werden könnte. Doch der Wohlstand ist so verteilt, dass da kein Gefühl von Recht und Sicherheit aufkommt. Genutzt werden sollte der Wohlstand hier: Zur Steigerung der globalen, also auch ökologischen Stabilität. Faulheit und Angst sind beide mal von Vorteil, mal von Nachteil. Zu wissen, was wann gilt, ist der Clue. Glaube ist ein Versprechen UND eine Drohung, beziehungsweise kann Glaube beides sein. Intelligenz kann bedrohlich sein, jedoch auch den

Ausweg liefern. Stärke und Schwäche haben beide für sich und im Zusammenwirken Vor- und Nachteile. Quasi alles ist nur teils gültig oder temporär. DASS quasi alles nur teils oder temporär gültig ist, könnte die einzige immer gültige Wahrheit sein. Angst, Faulheit, Intelligenz, Stärke, Schwäche, Relativität, Wahrheit, Wahrhaftigkeit, Lüge, Recht, Unrecht, Gerechtigkeit,… all das ist erreichbar oder mindestens erstrebenswert!?! Ich sage: „Ja, es ist erstrebenswert, nicht stillzustehen. Aber dazu benötigt man eine Art von Ziel!" Hat man kein Ziel, kann man stehen bleiben. Das ist dann teils die beste Option.

Zettel 8: Tun oder Nichtstun, bis...

Sinnvolle Anteile sind bei quasi allem TUN vorhanden, auch in der Gewalt. Urtümliches Fehlverhalten ist zunehmend sinnlos, zeigt nur, was wir derzeit nicht oder gar nicht mehr wollen und sind. Das, was wir ablehnen, ist teils das, was wir fürchten, wovor wir uns ekeln,... Das was wir fürchten,... lehnen wir häufig ab, ohne auf die Ursache zu blicken. Die Eliten richten unsere Aufmerksamkeit auf die Opfer ihres Systems, man tritt lieber nach unten, als nach oben zu greifen. Auf die TäterInnen, die so wurden, weil sie auch meist mindestens anteilig Opfer sind, wird der Blick der Medien gerichtet. Armut wird teils dadurch bekämpft, dass man die Armen tötet oder sanktioniert, wo doch gerade die Reichen, Mächtigen und Gebildeten teilen müssten, da sie es eher können. Auch auf manche Arbeitslose wird herab gesehen, auch auf diejenigen, die sich bemühen und die teils keine Arbeit finden können und manchmal gar Jobs ergreifen, die diejenigen, von denen sie kritisiert werden, selbst so nicht wirklich ergreifen wollen. Die großen Verbrechen begehen die Eliten, wenngleich sie auch nicht alle

und nicht alle ganz destruktiv sind. Und: Gerade
die Eliten tendieren dazu, die Ärmeren knapp zu
halten und gar zum Sparen zu animieren. Schaffen
sie das, heimsen sie sich oft das Gesparte selbst
ein, und mehr. Das ist oftmals praxisfern, die
Armen haben häufig nicht die Möglichkeit oder so
viel Zuversicht, dass sie sich motivieren können,
zu teilen. Armut ist, in der Regel, strukturell
angelegt und Reichtum ist in einer realistischen
Hinsicht nicht selten durch Zufall erlangt worden.
Doch das Narrativ sagt, dass arme Menschen
selbst Schuld haben, dass sie dumm sind und dass
die Dummen ausgemerzt gehören und Reiche
einfach fleißig und strebsam und vorteilhaft für die
Gesellschaft sind. Dieses Narrativ nutzen die
Gruppen anteilig gegeneinander. Die Kriminellen,
die es in beiden Gruppen gibt, rechtfertigen damit
ihre Taten gegen die jeweils andere
gesellschaftliche „Klasse".

Zettel 9: SimulantInnen

Das machtvollste Werkzeug, das es im allgemeinen gibt, ist die Simulation. Ob in Form eines Feldversuches, im Rahmen einer Art von Lüge, in der man sich vorstellt, dass das Gelogene, zumindest in der Phantasie wahr ist oder in Form von recht realistischen Computermodellen, ist soweit nahezu gleich funktional. Man muss generell nicht zwingend alles hinterfragen. Jedoch, wenn auf nicht hinterfragtem Denken Handlungen aufgebaut werden, gibt es eine klare Tendenz zu unsinnigem Verhalten. Insgesamt habe ich eine merkwürdige Art von Erschwernis, beim Schreiben dieses Buches. Es ist schwer, weil es zu leicht ist. Die ganzen belastenden Themen, die zu drängenden Problemen gehörten, habe ich bereits in die Gesellschaft, in Form von Lösungskonzepten, „eingepflegt". Vergleichbar ist das mit einer Situation, in der man die Probleme, die einen überforderten, abgearbeitet hat und von dem Fehlen von Problemen, von einer Unterforderung sozusagen überfordert ist. Wie so vieles, hat die Anhäufung von Kapital, Landbesitz und Privilegien bei den auch dadurch entstehenden

Eliten auch Vorteile. Man kann schneller reagieren und gänzlich neue Institutionen, Organisationen und andere Gruppen generieren, auch um auf Veränderungen zu reagieren, doch das schafft Veränderung und die Notwendigkeit, dann darauf zu reagieren. Kapital, das aus dem „Markt" entzogen wird, steigert den Wert des Geldes für alle Beteiligten. Das geschieht dadurch, dass quasi das „Angebot" von Geld so verringert wird. Leider arbeiten viele für Geld und wegen Geld, was die GeldbesitzerInnen mächtiger macht, je mehr sie „besitzen". Die durch die nachweislich ungerechten Besitzverteilungen benachteiligten rutschen, durch die stark von den Eliten gemachten oder beeinflussten Gesetze, schnell in die Illegalität und die Kriminalität. Dies geschieht um so vollständiger, als dass den „Opfern" häufig nicht bewusst gemacht wird, dass dies sehr stark durch ein strukturelles Problem der Gesellschaft herbeigeführt wird. Zudem werden manche Leute und Gruppen durch das Herausziehen von Geld und auch Zeit erst in eine Enge getrieben, wo sie dann irgendwann krank werden oder selbst zu Tätern werden und zum Arbeiten genötigt werden.

UND: Wer einmal etwas illegales tat, sah selten
bis nie, dass einfach die Gesellschaft minderwertig
konstruiert ist. Stattdessen wird die Rolle, wenn
man erst mal vorbestraft ist, akzeptiert, der/die
Kriminelle verfällt auf die „erwünschte" Rolle,
Gefängnisse können so schnell zu "Schulen" für
das Austauschen von kriminellen Techniken
werden und Kriminelle, die ihre "Rolle"
akzeptieren werden zu immer radikaleren Taten
befähigt!
Zu den Merkwürdigkeiten, den des Bemerkens
würdigen Dingen gehört, dass durch den
gleichzeitigen „Entzug" von Geld und Zeit eine
Unzufriedenheit geschaffen wird. Die Leute
können das, was sie haben nicht genießen, kaufen
dann aus Frust etwas, das Freude und eine gute
Zeit verspricht, aber auch dazu fehlt die Zeit.
Insgesamt läuft man so einer Belohnung hinterher,
die quasi immer wieder versprochen wird, jedoch
unerreichbar scheinen und sein kann. Die
Gesellschaft wird so bewegt, während die
ArbeitgeberInnen profitieren. Ein Lösungsansatz
wäre, dass weniger gearbeitet werden MUSS, was
derzeit in Deutschland schwer umsetzbar ist, durch

den Druck der Konkurrenz. Oder, dass die
Reichen ihre Privilegien reduziert bekommen, die
die relativ stark ausgeprägte Situation eines
Drucks Richtung Arbeit, Konsum, Veränderung,
Ausbeutung, Kriminalität,… herbeiführen. Das
bedeutendste Werkzeug, das dem Entzug von
Kapital dient, sind staatliche Steuern. Sie
bedingen, dass es einen Druck dahin gibt, Arbeiten
zu müssen. Doch gerade "Kriminelle" beuten,
beispielsweise durch Aktien, Zinsen,… Ärmere
aus, die Natur aus. Die Folgen sind eine
Bereicherung einzelner oder von kleinen Gruppen
von Menschen und auch großer Gruppen (wie
Staaten, ideologisch verbundene Ethnien,…), was
Demokratie aushebelt und Umweltzerstörung zur
Folge hat, sobald das erste Wachstum und der oft
lokal begrenzte Reichtum vorüber ist. Formen von
"moderner Sklaverei" und Tendenzen zu Armut,
Krieg, menschengemachten Naturkatastrophen,
kann man irgendwann nicht mehr plausibel
rechtfertigen. Leider verzögern die ProfiteurInnen
einen wirklichen Wandel, denn sie wollen so lange
wie möglich nichts an ihren Privilegien ändern
und von ihren Vorteilen abgeben, durch die sie

reich wurden und bleiben konnten.

Prostitution, Obdachlosigkeit, Terror, Kriege, Flucht, Armut generell, Kriminalität und andere Phänomene der Gesellschaft markieren die Grenzbereiche unseres Systems. Die Mitte besagten Systems ist relativ stabil und funktional. Jedoch an den Rändern zeigt sich ein Verschleiß an Mensch und Material sowie an Leben und Lebensqualität. Das Dysfunktionale liegt, in den Dimensionen, auch am entgegengesetzten Rand der Dualismen vor, teils erzeugen die „positiven Dinge" die "negativen" und umgekehrt, die Gegensätze bedingen einander. Sehr reiche, mächtige, aggressive, dominante,… Institutionen und Individuen schaffen erst einmal die Opfer. Manchmal leben und arbeiten andere Menschen und auch teils Organisationen, teils paradox scheinender Weise, von Reichen gestiftet worden sein können für die Opfer, zum Beispiel in Wohlfahrts-Organisationen, Obdachlosenheimen, Flüchtlings-Unterkünften,… Das wäre ja ok, wenn dies nicht fundamentale Veränderungen der Gesellschaft, selbst drängende, aufschieben würde. Denn die „HelferInnen" reduzieren mit ihrer

Arbeit die bloße Notwendigkeit von Wandel,
indem sie teils die Situation der Opfer erträglicher
machen. So bleiben die Mängel und ihre
Symptome und Opfer bestehen. Auch psychisch
Kranke und Dissoziale oder andere Randgruppen
werden teils generiert und dann therapiert,
eingesperrt und „missioniert". Insgesamt sind die
Opfer und die TäterInnen in der jeweiligen
Gesellschaft eben genau an den „Rändern" zu
finden, wo ihr extremes Schicksal und die ebenso
extreme Reaktion darauf die Hauptgruppe, das
Gros in eine wünschenswertere Richtung zu
lenken in der Lage ist. Die Opfer am Rand zeigen,
wo gefährliche Abgründe liegen. Abgründe:
Drogen, Haustiere, Konsum, Sport, Sozialisieren,
Lesen und anderer Medienkonsum,… und auch
Gewaltbereitschaft und Gewalt. Gewalt ist ein
Werkzeug, welches Angst reduzieren helfen kann,
an anderer Stelle aber meist wieder Angst
generiert. Leider können daher all diese
Hilfsmittel abhängig, krank, dumm, dissozial,…
machen und wiederum bei anderen Angst
hervorrufen. Es ist eine Frage der Kompetenz und
damit der Kontrolle und des Feingefühls im

Umgang mit Wissen und Macht, was über unseren Kurs auf der Welt entscheidet. Je nach Stellung und Position, macht das eine dem einen Menschen Angst, den anderen beruhigt es.

Eine Generalin beruhigt es, bessere SoldatInnen und Waffen zu haben. Die SoldatInnen und Waffen der Gegenseite beunruhigen. Es beruhigt die BürgerInnen eines Landes, wenn ihre Nation stark und fähig scheint, und genau das beunruhigt sie auch! Seit wir immer effizienter töten können, durch Drohnen, Interkontinentalraketen, das Fälschen von Daten, das Verabreichen von Giften, die als Medikamente getarnt sind, durch Klima-Manipulation,… sind prozentual immer weniger Menschen Opfer von Gewalt geworden. Doch kitzelt es die Leute, neue Werkzeuge und Waffen auszuprobieren. An anderen, den Feinden, den Bösen, den Nutzlosen, den damit erlösbaren Leidenden. Wenn Menschen zu Soldaten gemacht werden können, die jeden Befehl befolgen, ist das DIE Waffe! Wenn das verhindert werden kann, ist das DIE Verteidigung! Die Natur hat Verwendung für alles, solange sie existiert! Angenehm ist es jedoch nicht immer, Spielball der Natur zu sein!

Die fähigsten SoldatInnen zu haben, demonstriert
mancher Staat im Sport. Doch darauf ist die zur-
Schau-Stellung nicht beschränkt. Waffentechnik,
Werkzeuge, Industrie, Wirtschaft, Diplomatie,
Reproduktionsfähigkeit, Spezialeffekte,
Täuschung wie Propaganda, Kapital,
Wissenschaft, Grausamkeit, Liebenswürdigkeit,
Macht generell, all dies treibt uns an. Es ist da
egal, ob man davon weg oder daraufhin getrieben
wird. Es zählt die Bewegung! Denn kaum jemand
soll Wurzeln schlagen, Getriebene, wurzellose
Leute sind viel besser manipulierbar. Die Treiber
nutzen Lust und Angst, um uns zu packen und
gegeneinander aufzuhetzen. Im Glauben wird das
dann Demut oder Hingabe, die TäterInnen
MärtyrerInnen genannt, in anderem Kontext:
HeldInnen, SiegerInnen, Genies,
DraufgängerInnen, PatriotInnen, MilliardärInnen,
FührerInnen... UND den Eliten sind diese Leute
teils völlig egal, gerade, wenn sie und so lange sie
funktionieren, für sie funktionieren.
Lange hat man sich mit der Frage befasst, ob der
Mensch gut oder böse oder schlecht sei. Das wird
dem Thema selbstverständlich keinesfalls gerecht.

Denn die Vielfalt der Natur, wir tragen sie in uns.
Es gibt, je nach Situation, kaum richtig oder falsch
und schon gar keine freie Wahl. Wir verhalten uns
größtenteils so gut wir können, schrecken aber
meistens auch vor dem Schlechten nicht zurück.
Erst, wenn das Schlechte unnötigerweise getan
wird, ist das böse, zumindest, wenn man sich
dennoch dafür entscheidet. So werden Frauen,
manchmal auch Männer und die anderen Diversen,
je nach Gesellschaft mal freier gehalten, denn das
fördert den Feingeist und die Kreativität oder sie
werden eingesperrt. Die Gefängnisse, gerade der
Frauen, sind Häuser, Kleidungsstücke, Glaube an
einen Sinn hinter der Unfreiheit, zum Beispiel in
Form einer Religion oder anderer Ideologie.
Frauen werden dann zu "Kriegszwecken"
ausgebeutet, um Kinder in großer Zahl zu gebären,
womit sie teils zig Male ihr Leben und das Wohl
der Kinder riskieren. Gerade, wo andere Systeme
Menschen in Gruppen organisieren, kommt es als
Reaktion zur Bildung von Gruppen, die
gegebenenfalls nur so Formen der Vernunft
vertreten können,-können, aber oft nicht tun. Aber
Wirtschaften und Haushalten sowie Ordnung,

Logik und Logistik sind die Basis für friedliche und zufriedene Gesellschaften. Wieder beißt sich das hier mit der Konkurrenz, die auch die Freiheit von friedliebenden Gesellschaften einzuschränken in der Lage ist. Und wie sind die Gesellschaften friedliebend geworden? Oft ist die Basis eine historische Situation, in der die betreffende Gruppe andere aufs Blut bekämpft hat und besiegte. Das temporär funktionalere Modell setzt sich oft durch. Der Wohlstand auf der Welt ist teuer erkauft. Gerade, wo viele Kriege geführt wurden, ist eher Reichtum eingezogen, ein Reichtum an Kultur, aus der Not der Kriege als Erfahrungsschatz und Lehre durchs Feuer zu fruchtbarer Asche emporgestiegen. Das Leben, die Natur,- ist ein uraltes Biest und das gilt auch stark für uns Menschen. Doch wir werden langsam "allzu erfolgreich", die "alte Natur" droht zu kippen, das Ökosystem knarzt und ächzt an immer mehr Ecken. Die Lösung der durch die Technologie geschaffenen Probleme wird in der Technologie gesucht. DAS ist möglich, jedoch nicht zwingend der richtige Weg. "Wer als Werkzeug nur einen Hammer hat, für den sieht jedes Problem wie ein Nagel aus", ein Zitat das so ungefähr Abraham Maslow zugeschrieben werden kann, illustriert die verzwickte Lage ganz gut. Die Situation ist im Bereich des Glaubens die gleiche. Natürlich ist die Rückkehr in Richtung Aberglaube und Unterdrückung unter eine PriesterInnenschaft oder nicht so smarte Regeln meist möglich. Wünschenswert ist es für eine Mehrheit wohl nicht, wenn sie mal frei wählen konnte oder so und sich die Freiheit nicht nur einbildet. Wenn ein allmächtiges Wesen uns da Freiheit geben würde, müssten wir uns nicht unter ihre Regeln beugen. Klar, manche der Regeln im Glauben scheinen sinnvoll, die kann man ja einhalten. Bloß ist vieles sehr arbiträr, das heißt willkürlich und fehlerhaft. Das Thema habe ich in meinem Buch "Passage" behandelt und auch teils abgehandelt. Auch in den früheren Büchern "fugit" oder "Daten vs. Angst", "teilweise" oder auch ""Nur" buntes Wasser?!" schildere ich die Problematik. Am deutlichsten in dem erstgenannten Titel, in der Folge kommen die älteren Veröffentlichungen, in denen die weniger Ausarbeitung weniger präzise ist. Das

letztgenannte Buch ist das umfangreichste aber
auch am wenigsten zugängliche Werk.
Alles in allem läuft es darauf hinaus, dass wir den
organisierten Glauben an Staat, Religion, Sekten,
„unsichtbare Hand", Gesetzesrecht,…
überwiegend aufgeben. Gerechtigkeit ist
anzustreben. Gruppen, die oft nur für IHRE
Interessen arbeiten und wirtschaften, arbeiten
automatisch sehr sicher GEGEN die Interessen
aller anderen. Die Dynamik hinter Gruppen
verführt zum Konkurrenzkampf, auch wenn viele
Leute nicht so denken, sind sie in Organisationen
und Firmen schnell eines: MittäterInnen.

Zettel 10: Im Kreis laufen, oder?

Menschen lernen durch Nachahmung, meist durch soziales Lernen, Menschen bringen einander Fähigkeiten und Erkenntnisse bei. Es scheint nämlich, dass Menschen einander mehr vertrauen als dies bei anderen Tieren der Fall ist. Soziales Lernen ist nämlich das Lernen von anderen, die einem den Zugang zu Wissen gewähren. Kommt jedoch ein Gruppenzwang hinzu, oder Angst, kann das Lernen schnell zur Indoktrination ausarten. Man lässt sich formen, informieren, bilden,- was sehr fehlerhafte Denkmuster einprägen kann. Kommt, vielleicht durch Überwachung noch eine Kontrolle zum Gruppenzwang hinzu, erdenken und erziehen Gruppen Menschen zu ihren eigenen Robotern, die sich in einer nachfolgenden Phase gar selbst indoktrinieren. Denn die Selbstindoktrination erleichtert von der Angst, da man den Gruppenregeln nach eine größere Konformität mit der Agenda aufweist und so keine große Bedrohung für die FührerInnen darstellen dürfte. Man geht in der Masse auf oder eher unter. Das Verständnis von „wir" behandele ich später noch kurz. Andere gegen ihre Interessen in einer

Gruppe zu vereinnahmen, indem man sie mit „wir" regelrecht vereinnahmt, vielleicht weil sonst Strafe droht…? Schwierig! Gesetze wurden meist von der jeweiligen Obrigkeit ins Leben gerufen, aber es gibt auch die sogenannten ungeschriebenen Gesetze, meist basierend auf dem Konsens der BürgerInnen. Die Gesetze der Eliten werden mit der Staatsgewalt durchGESETZT. Sie sind ein relativ neues Phänomen. Dank solcher Entwicklungen wie dem Humanismus, der Psychologie,… werden zunehmend die Motive der Täterinnen, VerbrecherInnen,… hinterfragt. So kann man zunehmend sagen, was die Ursachen der Taten sind. Das ist eine gute Möglichkcit, Kriminalität zu reduzieren. Faustrecht, das den/die TäterInnen tötet, verstümmelt,… führt zu einer Verrohung und macht eine Ursachenfindung schwierig. Die Spuren der wahren TäterInnen werden so verwischt. In der Folge setzen sich die VerursacherInnen im Verborgenen durch. Das weitaus größte Leid der letzten Jahrhunderte, was Kriege angeht, ist durch die Mängel des Menschen im Umgang mit Macht erklärbar. Doch die Macht

des Menschen wächst so weit, dass die Auswege,
Konflikte mit Gewalt lösen zu wollen, immer
fatalere Folgen haben kann. Wir sind zu einem
Umdenken genötigt, sonst wird der mögliche
Schaden allzu bedrohlich.

Die Eliten sind , im derzeitigen System, prinzipiell
oft Verbrecher, sie erzeugen dadurch Verlierer, die
dann für Regelverstöße gegen die Regeln der
Elite, Gesetze genannt, bestraft werden. Die
Kriminellen kosten die Gesellschaft dann Geld
und verfeinern gar ihre Bestrebungen, suchen im
System nach Schwachpunkten, was oft Schäden
hervorruft, das System aber auch teils „abhärtet".
Die gewöhnlichen Leute arbeiten dann dafür,
baden die Konflikte aus und hoffen auf einen
Ausweg.
Insgesamt generiert eine Gesellschaft, die mordet,
MörderInnen. Eine Gesellschaft, die Almosen
verteilt, wird weniger wahrscheinlich so
reformiert, dass das Spenden gar nicht mehr nötig
ist. Eine Gesellschaft, die die Natur beherrschen
will und schädigt, schädigt die Natur in den
Menschen und versucht, die Menschen zu

beherrschen, die Folge sind destabilisierte Menschen, Gesellschaft und Natur. Ich will kein Verständnis für MörderInnen oder HenkerInnen, ich will, dass man versteht, wie es dazu kommt, um die Gewalt zu minimieren oder zu beenden. Vieles hat damit zu tun, dass Menschen das, was ihnen gefällt, mit dem verwechseln, was richtig wäre. Das ist nämlich einer der Hauptgründe, warum sich viele nicht ändern wollen, selbst wenn ihr Verhalten ihnen, ihren Nächsten, der Gesellschaft oder der Natur schadet. UND: Nur, wer sich selbst mal tiefgreifend verändert hat, kann vergleichen. Wer sich zudem zum "Guten" gewandelt hat, weiß, dass er/sie/es es kann. Viele derer, die sich nicht geändert haben, nicht bewusst geändert haben, sich aber noch "fehlerhaft" benehmen, begründen das mit ihren NachbarInnen im "Schwarm". Sie resignieren, sehen im Menschen als Spezies eher das Schlechte, verfallen in Fatalismus: "Man kann eh nichts ändern!" Team heißt bei solchen Leuten schnell: "Toll, ein anderer macht's!" So verlieren die Entsprechenden die Kompetenz für ihre eigene Macht. Dass das negative Menschenbild teils

schädlich ist, zeigt folgende Konstruktion: Wenn
der Mensch schlecht sei, kann man wenig ändern.
Sei der Mensch gut, kann man fragen, wieso sich
eine größere Gruppe nicht dementsprechend
verhält. Die Frage nach dem Grund stellt sich
plötzlich. Wenn uns etwas oder jemand schadet,
stellt sich die Frage also. Im Falle der Natur und
von, durch unsere Ausbeutung arm gemachter
Regionen sollten wir uns fragen, was die Leute
dort, was die Natur für uns getan hat. Dann
kommen wir zu der Erkenntnis, dass es durchaus
nachteilig wäre, wenn diese Leistung, von Seiten
der Natur und der menschlichen Natur, nicht mehr
gewährleistet wäre. Wenn wir bewusst Mangel
erzeugen, um billige ArbeiterInnen und eine
Steigerung des Wertes unseres Besitzes zu haben,
kommt die Gesellschaft, die Natur, unsere Psyche,
… aus der Balance. Das Extremste, das der
Mensch kennt und durchaus auch einsetzt, ist die
Zerstörung von Leben, der größte Maßstab, in dem
der Mensch das „kultiviert" hat, ist der Krieg. Die
Weltkriege sind, verglichen mit der
Umweltzerstörung, schier kleine Konflikte
gewesen. Direkte Folge der Weltkriege, des

Krieges gegen die Natur, sind Traumata. Diese „Minenfelder" der negativen Assoziationen, werden stetig behandelt und doch auch „gepflegt". Wir Menschen haben ein weites Spektrum an Medizin. Von der Musik, der Ablenkung, Aufrüstung, dem Vergessen, Drogen und Technologie über Geschichte, Geschichten, Berührung, Distanz,… Drogen nehmen uns teils Angst, indem sie den Schmerz betäuben. Doch das raubt uns schnell den Antrieb, wir schwelgen dann schnell in einem Pfuhl des Genusses der Unangreifbarkeit. Oder die Droge nimmt uns Angst oder gibt uns das Gefühl der „Kontrolle der Angst", das verändert unser Verhalten in Richtung auf sogenannte Coolness. Oder die Droge lockert unsere Kontrolle über, gerade soziale, Hemmungen. Darauf reagieren wir mit Aggression oder dem Ausleben von Freude bis Trauer und Gewalt!

Doch es sind nicht nur Drogen chemischer Natur, die uns Angst nehmen können (oder Angst machen können). Tanz, Singen, Autofahren, Konsumieren (von Reisen, schönen Dingen, Werkzeugen,…), können Angst nehmen oder erträglicher machen.

WENN uns das dann erschwert wird, können Traumata geweckt oder geschaffen werden. Leider KOSTEN die Behandlungsmöglichkeiten, in der Regel, Ressourcen. Und die sind begrenzt. Menschen, wie KünstlerInnen, haben hier ihre Nischen, die sie teils selbst etablieren mussten. Autos waren mal Motor einer Entwicklung, die Wohlstand brachte, Nischen schuf. Doch Autos binden Ressourcen, zerstören Ökosysteme, töten Tiere und Menschen. Spätestens bei der Rohstoffgewinnung für ihre Konstruktion, oder durch Abgase der Autos oder der Kraftwerke für ihre Energie. Wer fünfzig Jahre lang Nachrichten, Politik, Forschung für Autos gesehen, gehört,… hat und selbst eines fährt, kann teils nicht erreicht werden. „Festgefahren"! Wer so lange gegen Autos war, diese aber wundersamerweise nicht mehr schädlich sind, ist oft unfähig, umzudenken. Hier wird dann das, was einst richtig war, vertreten, bis zum Biegen und Brechen. Filme, Musik, Literatur,… auch diese Medien dienen der Heilung oder dem Kampf gegen bestimmte Gruppen,- teils indem sie selbst Gruppenbildung herbeiführen können. ALL die Fähigkeiten, die Risiken (die manche eingehen), die Chemie, die Designs, die Gefühle,… sollen Angst nehmen. Bis zum nächsten Krieg und Trauma. ABER: Wir können uns die Nischen kaum noch leisten. Techniken in diesem Bereich müssen billiger, schonender, nachhaltiger,… werden. Ziel muss auch hier eine Art „Kreislaufwirtschaft" sein.

Zettel 11: Triebe und TreiberInnen

Die Einsichten, die ich mich bemühe, zu liefern, sind scheinbar wenig spektakulär. Dennoch liegen sie in einem Bereich, der zu Recht eher als schwammig bezeichnet werden kann. Das, was ich in dem diffusen Areal liefere, hat jedoch wesentlich mehr Struktur als die Ideen der VordenkerInnen.

Die "Triebe" der freudschen Psychoanalyse sind eigentlich und ursächlich Ängste. Die Verursacher der Ängste lenken (treiben) damit teils die Zivilisation in "die von ihnen gewünschte Richtung". Kants "kategorischer Imperativ" ist eigentlich ein "intelligenter Konsens". Adam Smiths "unsichtbare Hand" ist nur ein Platzhalter für "gesunden, aber maximalen Egoismus". Letzterer ist aber, was die vernünftigen Ausmaße betrifft, zunehmend im Schwinden begriffen. Verständnis und Verstehen werden in genau diesem Kontext zunehmend umgedeutet. Zumindest nahezu alle Menschen erzählen sich und anderen eine möglichst stimmige Geschichte von sich. Vor allem stellen sie sich als vertrauenswürdig, stark, zukunftssicher,… dar.

Gerade, solange sie auf PartnerInnensuche sind,
beispielsweise. Jedoch auch Staaten und Religion,
gar Firmen und ArbeiterInnen, Medien,…
erzählen und erfinden sich so. Man wäre dann,
innerhalb solcher Strukturen, erst zufrieden, wenn
man über alles bestimmen kann. Sollte mal etwas
eintreten, was den Glauben an die eigene
Überlegenheit, die angebliche Wahrheit, dass man
auserwählt ist,… in Frage stellt, sieht man oft
darin einfach "eine Prüfung". Die zu bestehen,
kann in Gewalt enden, in Fanatismus noch
größeren Ausmaßes, Missionierung,… Sich selbst
zu verstehen folgt häufig erst dem Verstehen der
anderen Menschen, der Natur,… nach. Doch erst
das Verstehen von sich selbst garantiert sicherere
Erzählungen, die man professioneller als
"Narrative" bezeichnet.
Zurück zum Verstehen und Verständnis,
verbunden mit dem Narrativ: Man kann, bei
entsprechender Datenlage, alles und jedeN
verstehen. Quasi niemand will generell Panik bei
allen auslösen, „Unschuldige" töten, von
niemandem gemocht oder respektiert werden,…
Die verschiedenen Narrative werden als so

realistisch angesehen, dass die, die an sie glauben, sich und die Narrative selbst sich nicht weiter gehend ändern müssen. Narrative sind demnach, nahezu sicher, je nachdem, was man weiß und wie authentisch die Erzählung ist, quasi schnell kleine Fallen. Fallen, die in Bewegung und Wandel sind, während Ideen, logische Schnipsel, Schnappschüsse,... auch mal von Falle zu Falle wandern können. Die in den Fallen befindlichen Leute wechseln höchst selten die Perspektive, geschweige denn die Falle. Das kann nämlich den Eindruck von Unzuverlässigkeit generieren. Weswegen Leute, die „konvertieren" auch öfter mal radikal werden, quasi immer innerhalb der erstbesten anderen Falle. Sie vertreten, um dann dort eher dazu zu gehören, auch die fehlerhafteren Anteile der neuen Fallen-Ideologie. Damit sie an sich oder der neuen Denkweise nicht so viel ändern müssen, wollen sie endlich dazugehören, "gut sein". Im Extrem wird idealisiert.

Das Verstehen an sich zu stigmatisieren oder die Verstandenen, macht Denken starr und verringert die Anpassungsfähigkeit an Neues. UND es verschleiert, dass unsere Sichtweise meist fehlerhaft, übertrieben oder untertrieben ist. So ist es auch mit der Sichtweise quasi jeder/jedes anderen.

Denken muss möglich bleiben! Argumentieren muss gefördert werden, man braucht kein "Verständnis" für Missetaten, das gehört in den Bereich des "Glaubens", stattdessen sollten wir uns um das Verstehen bemühen. Denn "Selbsterkenntnis kann zur Verbesserung führen", die "Erkenntnis der Denkmuster anderer" kann helfen, diese dazu zu bringen, sich zu (ver-)bessern.

Mit dem "Verbessern" soll es nicht zu den üblichen Fehlinterpretationen kommen, ethisch-moralisch ist niemand besser oder mehr wert. Jedoch sind manche Leute in manchen Bereichen kompetenter, ihr Handeln funktionaler als bei anderen. Aber gerade Gläubige sehen sich eher als "auserwählt", DienerInnen des "einzig wahren Gottes", der "Wahrheit",… Das kann quasi jederzeit dazu genutzt werden, dass die Gläubigen irgendwen angreifen, ausgrenzen,… Kurz: Daher, dass Gläubige eben glauben, ohne zu verstehen, können sie gegen andere "entsendet" werden.

"Vernunft" ist das Gegenmittel, sollte jedoch auch weitestgehend in Frage gestellt werden, denn Vernunft hat auch ihre (sich verschiebenden) Grenzen. In dem Sinne sind "Setzungen", wie: "Alles braucht eineN SchöpferIn, außer der/die SchöpferIn" schwierig, gerade wenn sie dazu verleiten, etwas durch eigene Taten zu beweisen. Denn, sollte Gott oder die Göttin nicht existieren, wovon ich stark ausgehe, wird eine Gläubiger/Gläubige seine/ihre Missetaten damit begründen können, dass die Gottheit sie ja hätte verhindern können, sollte sie nicht gewollt haben, dass Leute leiden, sterben, hungern,... Die MörderInnen im "Namen Gottes" gehen also dann schnell davon aus, den Willen der Gottheit umgesetzt zu haben. Selbst wenn in der jeweiligen Glaubensrichtung Gewalt nicht so gewollt ist. Ob man solche Götter haben will und ob ein allmächtiges Wesen nicht auch so gütig sein könnte, das Schlechte in der Welt zu beenden, ohne irgend jemandes Freiheit einzuschränken, wären meine ersten Fragen. Das, was die Gläubigen nicht verstehen, ihnen aber nicht gefällt, beurteilen sie und nennen es "böse".

WissenschaftlerInnen sehen dort eher schlecht funktionierende Konzepte und Verbesserungspotential. Die Waffen und Werkzeuge, die die Wissenschaft zur Verfügung stellt, wetteifern mit der Macht der angeblichen Gottheiten. Die Gläubigen setzen sie ein und lernen zunehmend, dass sie sich dort eine blutige Nase holen können oder schlimmeres. Das zwingt sie, auf Dauer zu neuen, weniger schmerzhaften Handlungen und besser funktionierenden Konzepten zu greifen. Die toten Gläubigen lassen die Wissenschaft bessere Werkzeuge entwickeln, denn die Art und Weise der Vernichtung lässt meist ein Lernen auch der Wissenschaft zu. Selbst, wenn die meisten WissenschaftlerInnen kaum Interesse an unnötigen und sinnlosen Opfern haben. Gesellschaften "reiben" sich aneinander. In der Hitze dieser "Reibung" verbrauchen sich dysfunktionale Konzepte. Achtsamkeit beispielsweise, die nicht in Handeln mündet, wird, wie das Beten, zu einer Farce, die jedoch ein wenig beruhigen kann. "Sich-angegriffen-fühlen" ist auch so ein Mittel, ohne Argumente am Diskurs teilnehmen zu können. Auch das kann beruhigen, ist jedoch im Grunde etwas, das man neumodisch als "toxisch" bezeichnen darf.

"Im Krieg und in der Liebe sind alle Mittel erlaubt" sowie "der Krieg ist die Fortsetzung der Politik mit anderen Mitteln" sind zu kombinieren, um zu verstehen, warum es keine moralisch verwerflichen Wege geben kann, wenn der Zweck des Friedens geheiligt bleiben MUSS. Kurz: Um den Frieden weitestgehend zu wahren, darf man im Grunde alles tun, was notwendig ist. Nachdem die alten Generationen, die vergangenen, die Natur um uns und in uns teils angeknackst haben, teils auch gebrochen, können neue und kommende Generationen sachter mit diesen Aspekten der Realität umgehen. Auch diese Wunden können heilen und "wetterfühlig" oder anderweitig sensibel werden. Mord, unerträgliches Leid, sind so weit es irgend geht, zu vermeiden!

Zettel 12: Tagebuch I

2. Gesetz: „Der einzige Weg, die Grenzen des Möglichen zu finden, ist, ein klein wenig über diese hinaus in das Unmögliche vorzustoßen." (Arthur C. Clarke)

Sowohl Optimisten als auch Pessimisten tragen zur Gesellschaft bei. Der Optimist erfindet das Flugzeug, der Pessimist den Fallschirm. (George Bernard Shaw)

Denken ist schwer, darum urteilen die meisten. (C. G. Jung)

Kann man sich vorstellen, dass Spenden schädlich sind, in vielen Fällen zumindest!? Und ist es vorstellbar, dass Kriminalität auch zu Gutem führen kann?!
Sind die Menschen, die die Armen von den Reichen trennen, mit Staatsgewalt, nicht teils VerbrecherInnen?! Sind Waffen nicht höchstens zu irgendeiner guten Sache gut, wenn wir sie zur Wahrung allen Lebens nutzen?!

Donnerstag, 21. Dezember 2023
Die Leute, für die ich alles getan hätte, sie sind nur
noch Loser in meinen Augen. Ich fange ohne ihre
Gesellschaft nicht mit Drogen an. Denn ich habe
sogar weniger Angst als mit ihnen.

Wenn man K.I. fragt, wie man die K.I. an der
Übernahme der Weltherrschaft hindert, werden die
Antworten gefühlt schwammig. K.I.s, die uns vor
schädlichen K.I.s bewahren lernen, eine weitere
Aufrüstung ist im Gange. Wenn SIE in allem
Bekannten besser, schneller und billiger ist als wir,
wird der Mensch gezwungen sein, auf das „Neue"
umzusteigen.

Sind Tränen nicht Reichtum und deuten an, wer
seine Sicht von Schmutz befreien kann?

Tu es oder nicht, ohne den Versuch kein Lernen;
aber beides kann in einer Niederlage münden. In
jedem Versuch steckt nicht nur das Scheitern,

sondern auch die Lektion. Und das kann zum Erfolg führen!

Freitag, 22. Dezember 2023
Glaube kann einen irgendwie durchs Leben bringen, und auch nicht viel schlechter als Wissenschaft und eine nüchterne Logik. Aber Glaube wird im Laufe der Zeit nicht besser, außer er holt sich Anleihen aus der Logik und Wissenschaft.

Zettel 13: Umgehe den Umgang mit...

Viele umgehen es, das Notwendige zu tun, indem sie Substituieren. Statt eine gerechte Gesellschaft aufzubauen, spenden sie an bedürftige VerliererInnen des Systems. Statt funktionierende Sozialkontakte aufzubauen, holen sie sich die Nähe und Bestätigung über Haustiere. Statt Stress zu reduzieren und den Leistungsdruck gesund zu halten, rauchen sie Zigaretten. So trägt man ein zunehmend dysfunktionales Modell weiter und erzeugt zunehmend Opfer von Unrecht, Gift,…. Dass Leute Almosen benötigen und allmächtigen Wesen dann dafür danken; dass Leute krank werden und dann von Allmächtigen angeblich teils geheilt werden; dass Tsunamis ausgelöst oder nicht verhindert werden und dann die Überlebenden „Überirdischen" für eine Rettung danken,… ist teils sehr absurd. Aber die Armen brauchen in schlechten Systemen teils Geld, die Kranken halten sich an Strohhalmen fest und die Gläubigen haben Angst, ihre Wesen würden ihnen die Gunst entziehen, wenn mal auf die unschuldigen Opfer von Naturkatastrophen geschaut wird. Eher erklärt man solche Geschehen

als nicht nachvollziehbare „Weisheit" der
angebeteten Wesenheit! Andere Wesenheiten (die
gegen den Willen einer allmächtigen Wesenheit
etwas tun können, die das dann auch nicht
rückgängig macht???/ kann ein Mensch Gott in
Versuchung führen, wenn er betet und Gott das
Gewünschte eigentlich nicht umsetzen will oder
vorher nicht wusste) oder das "Karma"
verantwortlich zu machen, vernachlässigt, dass das
eigene Handeln ja auch möglich sein könnte und
DAS dann das Karma sein könnte, Gutes bewirkt
zu haben. "Karma" ist auch nur so eine
beruhigende oder, soll ich sagen, betäubende Idee.

Zettel 14: Tagebuch II

Samstag, 23. Dezember 2023
Auch Wahn kann gesellschaftlich akzeptiert sein.
Dann macht er, in der Regel, auch nicht krank.
Ideologien, die von ihrer Norm abweichendes
Verhalten sanktionieren, sei es Frisur, Kleidung,
Ernährung,… erzeugt so einen gewissen
Widerstand, Druck und Unzufriedenheit.
Andererseits stabilisieren die Ideologien eine
Gesellschaft teils, wenn sie Konformität zu einem
recht einheitlichen Modell einfordern. Leider sind
die Vorgaben der derzeitigen Kulturen auf Dauer
nicht mehr funktional, ihre Sanktionen und
Verbote greifen immer seltener; SIE LÖSEN DIE
DERZEITIGEN pROBLEME NICHT MEHR SO
GUT. Man fährt am sichersten, wenn man Ideale
verfolgt und diese stetig hinterfragt. Personen,
Parteien, Staaten, Religionen, Vorgesetzten,
Fußballvereinen,… zu folgen, kann diesen einen
„Blankoscheck" ausstellen, was Kontrollverlust
und Fehler bedeuten kann. Der Anspruch der
Religion und der Staaten, im Recht zu sein und
richtig zu liegen, das dient dazu, die Leute vom
selbst Denken abzuhalten und zum Gehorsam zu

bringen. Wie gesagt: Eine wahre aber
gesellschaftlich nicht akzeptierte Meinung kann
krank machen. Wir leben in einer Gesellschaft, in
der die Leute quasi immer selbst- und fremd-
gefährdend agieren (Haft-Notiz: Alle
einsperren???). Sei es unnötiges Fleischessen,
Autofahren, Kriegführen, Ausbeutung,
Umweltverschmutzung,… Die Gesellschaft ist
krank, ihre Soldaten "dürfen" teils töten, ihre
Wirtschaft und Industrie "darf" Nötigen und
Vernichten,… Das Negative daran muss dann teils
geleugnet werden, wie der Klimawandel, die
Tierquälerei und der Tiermord, der Unsinn mit
Aktienhandel,… um es weiterhin rechtfertigen zu
können. Aber auch die Veganer leugnen die
wenigen Gründe für die Ernährungsweise
Fleischkonsum, um eine eindeutige Haltung und
ein striktes Einhalten ihrer persönlichen
Einstellung leichter begründen zu können.
Dadurch machen sie sich aber unglaubwürdig.
Vegan kann sehr ungesund sein, dennoch sollte
man sich, so weit es gesund ist, in der Richtung
ernähren. Wenn man wirklich muss, sollte man,
ohne kritisiert zu werden, Milch, Eier und mit

triftigen Gründen Fleisch zu sich nehmen können.
Armut zwingt nicht zu 100% zur Kriminalität,
weder geistige, körperliche, noch materielle oder
rechtliche Armut, außer die eigene Vernichtung
droht zunehmend. Jedoch schieben die Reichen,
Mächtigen den "schwarzen Peter" der Kriminalität
mit einem gewissen Druck nach „unten", seien es
arme Bevölkerungsschichten, Individuen oder
arme Staaten.

Abweichendes Verhalten wird teils erschwert,
damit bestimmte Gruppen sich nicht schlechter
fühlen, bloß weil es anderen besser geht. Einheits-
Glaube, die Spiritualität von der Stange und
Systeme, die, wie sogenannte Demokratien, zwar
irgendwie funktionieren, aber Schatten ihres
Anspruches sind. Ignorante, unaufgeklärte und
getriebene Leute erzeugen Opfer, teils recht
unschuldige noch dazu. Kriege, um Reichtum zu
verteidigen, den man sich teils erschlichen hat. Die
Opfer werden dann genutzt, um die Gesellschaft
von innen zu erhellen. Sie markieren den Weg und
die Orte der Gefahr. Umlernen tun nur die
traumatisierten und weniger faulen Leute. Ich habe

mich lieber noch mehr gebessert und geändert,
statt selbst unnötige Opfer zu generieren! Und
ihr?!? Andererseits muss ich, als Bewohner eines
Industriestaates, akzeptieren, dass ich Menschen
anderswo arm mache und zur Arbeit nötige. Ich
muss akzeptieren, dass ich unsere Biosphäre
schädige. Ich muss akzeptieren,… akzeptiere das
Ganze jedoch trotzdem nicht.

Klar, über den Gebrauch von Drogen und über die
Bändigung von Tieren, über so viele zweifelhafte
Tätigkeiten, Waffenentwicklung, Pestizide (allein
der Name),… haben wir viel über die Welt und
uns gelernt. Wir sind den Bedrohungen auch teils
entgegengegangen und haben Gefahren, die noch
die Existenz unserer Ahnen und Ahninnen
bedrohten, gemildert oder gar nutzbar gemacht.

Zettel 15: Tagebuch III .

Dienstag, 26. Dezember 2023
Manchmal sieht man ganz klar, dass die
Gläubigen über den Dank an GöttInnen oder
andere bloß Leuten ihre Errungenschaften stehlen
wollen. Geschenke zu Weihnachten: Dank an
Gott. Überleben einer Tsunami, weil man auf
einen Baum klettern konnte: Dank an Gott.
Prophezeiung, dass Jesus einem in den nächsten
Tagen hilft: Möglicherweise Dank an Jesus. Mit
Geboten isses genauso, die Leute halten sie, wenn
sie damit zu früh konfrontiert wurden, aus
Glauben ein. Denn sie bekommen Angst gemacht
und ihnen werden Belohnungen versprochen.
Besser, sie benehmen sich aus Einsicht und frei
richtig, sonst schicken die mächtigen Gläubigen
sie in MärtyrerInnen-Tod und Krieg!

Mittwoch, 27. Dezember 2023
Die Zahl finden, für die man in Gleichungen, in
denen durch Null geteilt wird, das passende
Ergebnis erreicht. Blick auf die Beschaffenheit der
Realität!

Zettel 16: Das Bett gemacht?

Wenn Leute anderen den Tod wünschen, weil sie selbst sich dann sicherer fühlen, das Richtige zu tun, ist bedenklich. Zu Zeiten von Corona oder von Kriegen ist und war es zu beobachten. Man sucht sich allgemein eine Meinung oder eine Seite und die verteidigt man, während die Gegenseite attackiert wird. Das kann entlasten und andererseits die Stimmung massiv anheizen. Gerade durch die damit verbundene Verunsicherung, welche den Zusammenhalt gesamtgesellschaftlich reduziert, während die Gruppen sich regelrecht abkapseln. Angst ist die Ursache, weitere Angst ist die Folge. "Richtig zu liegen", das nehmen die Gruppen von sich selbst zuerst an - davon wird aber auch ein Recht abgeleitet, zumindest meist, welches jedoch nicht immer dem Gesetzesrecht und gar nicht der Gerechtigkeit entspricht und auch unschuldige Leute gefährden kann.

Zettel 17: Sitzen

Viele Menschen sehen in Kriminellen und
psychisch Kranken eine Bedrohung. In Hexen, in
Esoterikern sieht man auch teils SpinnerInnen.
Das kann so sein, auch wenn beispielsweise
psychisch kranke Menschen selten Delikte im
Sinne des StGB begehen und auch, wenn sie
kriminelle Handlungen begehen, sehr viel seltener
als "gesunde" Kriminelle "rückfällig" werden.
Im Falle von Kriminellen sind eindeutige
Tendenzen dafür zu beobachten, wieso sie
kriminell werden und wie sich ihre "Karriere"
entfalten kann. So ist Armut und schlechte
"Bildung", "Informiertheit", "Integration",…
sowie mangelnde Empathie, schlechte Vorbilder
in der Kindheit,… ein wiederkehrendes Muster.
Auch, dass die Soldaten verschiedener Nationen
töten "dürfen", dass reiche Menschen
ArbeiterInnen ausbeuten dürfen und sich über
Anwälte "Recht" "fertigen" lassen können, sowie
die Probleme mit Privatbesitz und manches andere
irritiert immer einige Leute und manche so sehr,
dass sie sich selbst das "Recht" zusprechen,
außerhalb der Gesetze das "Gleiche" wie ihre

"PeinigerInnen" zu tun. Klassisches Beispiel: Ein "Star" hinterzieht Steuern und kommt damit durch. EinE NormalbürgerIn erlaubt sich das Gleiche und wird hart bestraft. Das wird von Letzterem als Unrecht empfunden und die Haltung zum Staat wird gleichgültiger und feindseliger, als zuvor. Und?! Der kriminelle Mensch sorgt, mit dem von ihm generierten Unrecht für mehr Aufmerksamkeit in diesem Bereich. Das ist nicht nur schlecht! Zudem ist in diesem Kontext wirklich ein Unrecht, zumindest die klare Tendenz zu einer Ungleichheit, welche strukturell nachweisbar ist, vorhanden. Die reichen Leute achten, wenn die Benachteiligteren zu Gewalt greifen können, darauf, nicht erwischt zu werden aber auch darauf, vielleicht gar nicht erst solche widerrechtlichen Handlungen zu begehen.
Um mich nicht zu verzetteln, muss ich ergänzen, dass quasi wir alle so eine Gesellschaft generieren, die in gewisser Hinsicht zunehmend funktioniert, wenige bis keine Schlupflöcher für Unrecht hat und erst definiert, was Recht ist und wie auf Unrecht sinnvoll reagiert werden muss. Sollte jedoch diese Gesellschaft in anderer Hinsicht

Macht erlangen und das gegen manche nutzen,
wie sie es gegen die Armen und Schwachen teils
nutzt,…!!?

Bei alledem geht es um die Folgen der
Sesshaftwerdung und um die Fremd- und
Selbstgefährdung in all dem Neuen, die und das
wir noch nicht gänzlich einzuschätzen in der Lage
sind und die die veränderten gesellschaftlichen
Umstände und der Umgang damit generieren.

Ich will mit alledem nicht Kriminalität
rechtfertigen. Ob es die gesetzlich erlaubte oder
die gesetzlich verbotene Kriminalität sei. Ich will
aufzeigen, wo die Wurzeln solchen Handelns
liegen und wie man auf Dauer, indem die
Gesellschaft plausibler aufgestellt wird, zu
weniger Angst, mehr Sinn, und statt teils
schlechter Gesetze zu wirklicher Gerechtigkeit
finden kann, zumindest zu weitaus mehr davon.

Zettel 18: Haftnotizen

Dass Menschen, die über ein RichterInnen-Amt verfügen, beziehungsweise RichterInnen "sind", ist natürlich ein Glaube. Die Ausbildung, in dem Bereich, dient gewissermaßen einer Indoktrination, damit die verschiedenen Leute sich in diese Rollen einfügen, denn unsere Staaten und Religionen, die Sekten und Parteien, gar manche Familien und Mafia-Organisationen strukturieren sich so. Anders könnte viel, viel Unrecht nicht funktionieren. Der Glaube an bestimmte Posten und ihre Funktion INNERHALB des Systems, sowie ihre natürlich teils vorhandene Kompetenz im Verwalten des UNRECHTS, erschaffen unsere Gesellschaft. Und sie halten das empfundene Unrecht niedrig, damit wiederum wenig Verunsicherung und wenig damit verbundene Angst entsteht.

Was meine ich mit Fremd- und Selbstgefährdung?

1. Natur wird geschädigt, bis sie uns vielleicht nicht mehr versorgen kann

2. Kultur-Techniken, wie

-BeSITZ oder

-GeSETZe und alles an Werkzeugen und Waffen,

dieses zu erlangen und zu behalten, sind Ursprung
von viel Gewalt jeder Art.

Wir alle gefährden, mal mehr, mal weniger uns
und andere.
Autofahren gefährdet, nicht absichtlich aber
relativ bewusst, Menschenleben, Tiere und andere
Lebewesen. Sei es durch die mangelnde Kontrolle
über die Fahrzeuge, zusätzlich bei Regelverstößen
oder Luftverschmutzung und Risiken bei der
Rohstoffgewinnung. Der Straßenbau sollte, denke
ich, ebenfalls erwähnt sein, wie auch die Nötigung
gerade von FußgängerInnen, Acht zu geben.
Ich bin nicht komplett gegen Autos, Motorräder,
Cruise Missiles,… aber die negativen Folgen,
durch allein den Besitz, auf Wettbewerb um Jobs
und PartnerInnen, und den Frieden auf der Welt,…
werden nur selten dauerhaft durch die Vorteile
aufgewogen.
So sind Fahrzeuge bei der Feuerwehr, bei der
Polizei (so lange sie der Gerechtigkeit folgt und
nicht den ungerechten Gesetzen),… durchaus
hilfreich!
Ähnlich gefährlich sind manche, teils geliebte

Haustiere. Zumindest manche sind gefährlicher,
als viele annehmen.

Auch gesellschaftlich akzeptierte oder in gewissen
Kreisen akzeptierte Drogen richten manchmal und
im Schnitt gewaltige Schäden an.

Der Konsum von Waren, in diesem Umfang, ist
bereits jetzt eine Bedrohung für uns alle, wird aber
eher angeheizt als kritisiert. Dazu kommt die
durch den relativen Reichtum anderer erzeugte,
manchmal nur relative, Armut, dazu kommen auch
Kriege, Sport,… und andere Wettbewerbe, auch
der Wettbewerb, den ich bereits erwähnte: Der um
Partner und damit die Möglichkeit, sich fort zu
pflanzen oder manchmal entlastenden Sex zu
haben, der das Gefühl von möglicher
Fortpflanzung generiert.

Da stellt sich die Frage: Wieso tun wir alle so
etwas, wenn es Probleme macht?

Ist man gläubig, ist man pessimistisch oder
fatalistisch geprägt, sieht man "den Menschen"
vielleicht als "böse" oder schlecht an. Hat man
mehr psychologische Ansätze parat, kommen als
Gründe "Dummheit", "Faulheit" und
"Mitläufertum" ins Spiel. Ich persönlich dachte

früher an unsere "Triebe" und "Spaß" (das zweite gerade während meiner Teenager-Jahre). Doch die Wahrheit steckt wahrscheinlich in alledem, wenn man betrachtet, was "Triebe" überhaupt sind und was der oder die TreiberInnen sind, die die Triebe auslösen. Was treibt uns sozusagen an? Ist es der Sexualtrieb oder der Selbsterhaltungstrieb?

Oder sind es Süchte? Die Sucht nach Endorphinen? Die Sucht nach Anerkennung? Wenn man all das hinterfragt, kann man eigentlich nur auf eine Antwort kommen. Was uns, meine ich antreibt, ist generell ein wenig die Lust oder Neugier, aber auch dahinter könnte etwas stehen: Angst!

Angst vor sozialer Ächtung, meist von Frauen ausgeübt. Angst vor Tod und körperlicher Gewalt, meist von Männern ausgeübt. Das beginnt bereits hier, denn mittlerweile gibt es gesellschaftliche Strömungen, die Menschen ächten, wenn sie nicht Cis-Männer oder Cis-Frauen schreiben oder "Diverse" unterschlagen (und das, wo doch alle divers sind). Aber zurück zur Angst: Sie macht uns wachsam, aufmerksam,… kann uns aber auch schier überwältigen und blind werden lassen.

Dann wünscht man sich Hilfe, Werkzeuge,
Waffen, eineN kuscheligeN Gesellen, wie einen
Hund oder eine Katze, oder. Gutes Essen und eine
saubere Umgebung lassen soziale Ächtung
weniger wahrscheinlich erscheinen und nehmen
Angst vor Hunger und Krankheit. Na, wird das
Ganze klarer?! Sind unsere Irrationalitäten, weite
Teile unseres Konsums, sind Schmuck und
Tatoos, sind unsere Haustiere, das Erlernen von
Techniken in der Herstellung von Nützlichem oder
Methoden, die uns beruhigen und beim
"Loslassen" helfen,... ist all das "nur" dazu da,
Angst zu bewältigen oder auch, mit oder ohne
Absicht, anderen Angst zu machen? Treibt(!) nicht
genau das uns alle an?
Angstmache, Angst-Flucht und Angstbewältigung.
Ob durch Substanzen, schlichtes Essen oder
Medien,... macht auch HeldInnen.
Wir alle erwerben, wenn wir nicht scheitern,
immer verfeinerte Kompetenzen in diesem
Bereich. Macht und immer mehr Macht kann die
Folge sein. Leider drohen damit auch ein
Kontrollverlust und das Scheitern. Notwendige
Hilfe und Medizin, das muss erlaubt sein.

Unnötige Ausrüstung mit Werkzeugen oder gar Waffen gegen die Natur oder gegen andere Menschen ist kritisch zu betrachten. Denn die Konkurrenz ist quasi schnell "Krieg", in dem manche dann eher "kriegen", was sie benötigen und Schwächere werden teils benachteiligt, teils eliminiert. Dass das so gemacht wird, scheidet die "Harten" von den "Weichen", aber auch die "Reichen" von den "Armen". Die Gruppen sind jedoch nicht immer deckungsgleich, da Geld beispielsweise nicht immer bei denen landet, die es sich verdient haben. Der Erwerb von Geld kann sehr arbiträr sein. Im Schnitt entwickeln sich so aber immer "kriegstauglichere" Leute und Strukturen, auch für eine potentielle Verteidigung gegen "äußere" Bedrohungen.

Und wer Krieg führen KANN, tut es leider auch sehr viel eher.

Zettel 19: Drogenopfer

Hunger befrieden und befriedigen zu können, wie Zigaretten das können, nimmt Angst. Das schadet im Schnitt aber auch der eigenen und anderer Leute Gesundheit. Andere leben teils vom Tabakanbau und dem Handel damit. Schön und zufrieden wirkende Leute verunsichern schwache Leute, so können durch Erstere aber auch Produkte an Letztere verkauft werden. Auslese?

Zettel 20: Methoden neben Simulationen

Um beim Thema zu bleiben: Ein Themenwechsel (schließlich ist Wandel und Herausforderung eines meiner Hauptthemen)!
-Die meisten Leute denken auf Sparflamme. Mangels "Plan" und mangels Durchblick. So können sie sich auf Reproduktion, sonstigen Spaß und das "Durchkommen" und den Hausnachbar konzentrieren. Das entspricht dann schnell einem höchstens 2-3 dimensionalen Denken. Erst 3-4 dimensionales Denken beruhigt mit Sicherheit, es sei denn, zu viele tun es. 2-3 dimensionales Denken findet, ähnlich räumlicher Vorstellung,

statt und beschreibt ein Existieren, das selten über den Tellerrand blickt. Ein 3-4 dimensionales Denken blickt quasi immer über den Tellerrand, richtet die Aufmerksamkeit zudem in die Vergangenheit und die Zukunft. Möglichkeiten werden in diese "Richtungen" projiziert.

So reichen die "vier Elemente" aus den Anfängen der Wissenschaft vollkommen, um als Laie über die Welt zu sinnieren. Für ChemikerInnen und verwandte Wissenschaften ist das Periodensystem, Elektronegativität,… erst praktikabel und Forschende schauen noch weitaus tiefer in den Abyss. Glaube reicht für ein einigermaßen Durchkommen aus. Für Freiheit, Liebe und Gerechtigkeit ist er teils ein Hindernis und daher unzureichend. Andererseits geht von den Möglichkeiten der Wissenschaft zunehmend ein Risiko aus, welches unser derzeitiges Gesellschaftsmodell nicht mehr allzu lange bändigen können wird. DAS ist absehbar.

Wer greift also warum zu VerSICHERungen? :) Keine Angst, ich habe auch einige, auch weil sie teils die Gesellschaft stabilisieren. Aber sie zu erwerben, ist darauf begründet, dass es Gefahren gibt und darauf, dass Leute darüber hinaus verunsichert werden. Außerdem schwächen sie die Notwendigkeit sozialer Bindungen, was diese auch zunehmend obsolet wirken lässt und auch dissozial machen kann, wenn man dieses Potential und Werkzeug zum Negativen in die Waagschale wirft.

Zettel 21: Mitgehangen, mitgefangen und das gerne.

Selbstverständlich kommen, mit dem Überblick hier auch Macht und damit Verantwortung. Man muss dann konstatieren, dass man die Kenntnisse über Tierhaltung teils nur hat, weil man mit Tieren Kontakt hatte, da man mit Menschen nicht so einfach klar kam. So hat man vielleicht einen Hund als Haustier, der vielleicht Fleisch isst und damit zum Leid anderer Tiere und allgemein zu, eigentlich vermeidbaren Schädigungen der Umwelt und indirekt dem Hunger armer Menschen tendenziell beiträgt. Uff!!! Was nun? Sieht wie eine Sackgasse aus, bis Fleisch ohne Leid gewonnen werden kann.

Zettel 22: Simulationen und Modelle.

In mehreren früheren Titeln konnte ich relativ eindeutig nachweisen, dass die Sesshaftwerdung und der Privatbesitz so Phänomene wie "Armut und Reichtum" erst generieren. Dazu erkläre ich dort, dass es weltweit mit "Demokratie" nicht weit her ist, auch weil es "arm und reich" gibt und wegen Mängeln in der allgemeinen Informiertheit und weiterem. Zudem schildere ich an der Stelle Gründe, die vor allem gegen die Existenz "allmächtiger Wesen" sprechen. Komprimiert ist dies in "Passage: Ein Zweifel an Trivialem?!" dargelegt. Zumindest gehe ich davon aus, recht lückenlos argumentiert zu haben. Jede Lücke immer zu schließen, das kann quasi nicht garantiert werden, Fehler (fehlende Einsichten, Ideen, Modelle, Techniken,...) sind im Detail, bei jedem Denkvorgang, möglich. Fehler zu begehen ist, wenn man sich gedanklich bewegt oder/und reist, Teil des Lebens. Denn so lernen wir. Wer das Fehlermachen erschwert, selbst wenn es gut gemeint ist, bevormundet Dich (zum Beispiel durch Dogmen, Axiome,... extreme Tagesstruktur, (Selbst-)Indoktrination, Mantren,...) und darunter

KANN Deine Mündigkeit zunehmend in
Mitleidenschaft gezogen werden. Du könntest zur
Urteilsfindung so auf andere angewiesen bleiben
oder, wenn Du dann irgendwann handeln MUSST
ohne geübt zu sein, dann fatalere Fehler als ich
oder andere begehen. Auch hier ist eine
Simulation von möglichem Geschehen und
sozialer Interaktion, in einer Art "spielerischer
Simulation" ein Mittel, etwas vorbereiteter zu
sein. Auch hier ist eine übertriebene Flucht in
Fiktion zu vermeiden.
Hier gilt: Eure Erwartungen formen teils das
Ergebnis mit.

Zettel 23: Tagebuch IV

Sonntag, 01. Januar 2024

Eine Runde um die Sonne ist beendet. Hier ist es recht warm für die Jahreszeit. Das kann an den normalen, meteorologischen Veränderungen liegen (was immer hinein spielt) oder doch Ausdruck eines, von einem der Humboldts und auch frühen Sci-Fi AutorInnen bis zuletzt 1973 (denke ich) vom Club of Rome, prognostizierten Klimawandels sein. Der Klimawandel ist da wahrscheinlich überwiegend menschengemacht. Wo waren die Propheten eines Klimawandels, die einen nicht-menschengemachten Klimawandel vorausgesagt hätten? Zufall?

Wir alle leben von der Natur, wir töten und durchwühlen sie teils. Das machen viele Menschen zum Überleben. Andere machen es aus Profitgier, wobei sie auch komplett über das Ziel hinaus schießen können. Der Krieg, die Ausbeutung der Natur, waren immer auch zu mehr oder weniger großen Teilen sinnvoll, wenngleich es immer auch für manche schlimm war. Doch die Zeiten, in denen das ein vielversprechendes Zukunftsmodell war, sind erst mal beendet, so wirkt es.

Der Schutz und die Harmonie mit der Natur sind daher eventuell zunehmend bedeutsam. Und das während die Logistikunternehmen, die Server des Internets, die K.I.s, der Maschinenbau, die Landwirtschaft,... -während das alles weiterläuft. Der Unterschied wird sein, dass wir die Einstellungen der letzten Indigenen zur Natur mit in die Rechnung nehmen und von RäuberInnen mit Technik zu GärtnerInnen mit den geballten Möglichkeiten allen Wissens und Denkens werden. Indem wir bewusste Wesenheiten werden, die diese Möglichkeiten weniger gegeneinander und zunehmend füreinander nutzen. Für einen klaren Schritt in eine bessere Zukunft ist es erforderlich, dass die Vergangenheit überwunden wird, ohne sie loszulassen oder auch ohne die angebliche, sogenannte "Achtsamkeit" zu nutzen, um uns von den Pflichten, den Baustellen,... zu drücken. Unsere Vergangenheit hat schlimme Seiten an sich, Grausamkeit, Dummheit, Sinnentleertes,... aber durch sie sind wir zu dem geworden, was wir jetzt und in Zukunft sind und werden. Die Not vergangener Zeiten, die fehlende

"Ethik und Moral", das "Tierische",... hat uns nicht nur zu TäterInnen werden lassen. Nein, es hat uns gezeigt, was wir können und sind. Und diese Einsichten zeigen uns auch, wo Plätze für Verbesserung sind.

So sanftmütig, bewusst,... wie viele jetzt sein können, hätten diese Leute vor Zeiten und in rauen Gegenden noch jetzt, kaum Überlebenschancen gehabt. Noch hätten sie den Schritt zur Sesshaftwerdung gewagt,- doch das ist meine Theorie (wie es zur Sesshaftwerdung kam, kann ich noch nicht sagen).

Vergeben wir einander also weitestgehend, ohne zu vergessen. Das Verhalten der "alten Menschheit" muss abgelöst werden von wohlwollender Menschlichkeit.

Wir können uns immer weniger davor drücken, zu lernen, uns zu wandeln. Denn eine Konkurrenz, mit der wir auch kooperieren können, wenn wir das nicht bereits tun, wandert den Horizont herauf. Ein Licht, ein Geist, so strahlend, ist im Aufstieg begriffen. Die K.I.s, ein Konstrukt aus Materie, Energie und Geist. Die große Herausforderung der neuen Zeit, eine Macht, für die Lügen immer schwieriger wird. Die Realität ist das stabilste Modell für SINN, das wir kennen können, Quantenphysik wohl mit einbezogen, wenngleich da K.I.s vielleicht leichter mit rechnen können als wir.

Netze, vom Blutgefäß, zu Ästen, Wurzeln, Bronchien, neuralen Strukturen, Straßen, Flüssen, Datennetzen, Galaxien Clustern, Flussläufen,… ist das nicht eines der Hauptmerkmale der Natur? Wege zu finden, sie zu optimieren und das zu memorisieren, zu festigen,… ist das nicht ein Kernbereich der Intelligenz? Verbindet uns das nicht, macht uns bedeutsam und gibt uns Bedeutung und einen Zweck, Social-Networking, vielleicht bis in die Atome und andere Galaxien? Muss das Science-Fiction bleiben und ist es nicht ein lohnenswertes Ziel. Doch, was werden wir sein, wenn uns derartiges auch nur im Ansatz gelingen sollte?

Netze können Auffangen und gefangen halten und vernetzen. Was also ist richtig? Mir persönlich ist es klar: Das was ontopisch funktioniert.

Zettel 24: Tagebuch V wie VictorIa

Dienstag, 2. Januar 2024
Macht über Sprache ist Macht über viele
SprecherInnen ("Neusprech" ist teils real
geworden).

Etiketten an Leute zu heften, das führt zum
Glauben an Religion, Nation, Rasse,… und damit
ist bei vielen Streit vorprogrammiert.
Macht über die eigenen Ängste steht jedem zu,
wenn der Preis nicht zu hoch ist.

Mittwoch, 3. Januar 2024
Wir sollten die Abhängigkeit von Hilfsmitteln auf
das Nötigste reduzieren. Gerade, wenn die
Hilfsmittel allzu große Probleme bereiten können
oder das bereits tun.

Donnerstag, 4. Januar 2024
Mit der Idee, dass alles vorbestimmt sei,
rechtfertigt manche Person ihr Handeln oder
Nichtstun. Das ist so ne gute Ausrede, dass
Gläubige immer noch darauf basierend die

Hoffnung auf Besserung haben. Doch unglücklicherweise ändert sich deswegen wenig. Die Leute greifen dennoch zu Medizin, Büchern, … wäre alles vorbestimmt, könnte man sich doch einfach fallen lassen!? Die verwandte Idee von allmächtigen Wesen ist da ähnlich merkwürdig. Vielleicht hätte unser Handeln doch einen Effekt und wir müssten öfter aktiv werden?! :D

Wir könnten in Zukunft unser Aussehen, das sexuelle Geschlecht, das Alter und vielleicht sogar unsere Spezies weitestgehend wählen können. Die Debatten über Gender, Body Shaming, Religion und Kirche,… bereiten uns darauf vor, allgemein netter zu sein?!

So gut wie möglich, so hart wie nötig.

Politik ist noch ein schmutziges Geschäft, noch. "Krieg ist eine bloße Fortsetzung der Politik mit anderen Mitteln."
(Carl Philipp Gottlieb Clausewitz)

-Was ist dann Politik anderes als eine Art von Krieg?

Ist deswegen jede Hoffnung aufzugeben, dass Politik auch mal gänzlich gut sein kann? Die reichen Nationen könnten jederzeit den Hunger und die extreme Armut beenden. Doch dann wären viele Projekte der Wissenschaft und Technik bedroht. Was auf die Dauer zu allgemeiner Armut führen könnte. Doch das muss nicht so sein, denke ich. Wären die Menschen rationaler, würden sie sehen, dass ihre Hunde gefährlicher als Haie sind, in manchen Ländern sind die Toten durch Hunde aber gering an Zahl. Was nicht zum Anlass genommen werden soll, auch Hunde so zu stigmatisieren oder Hunde und ihre physische Präsenz als harmlos zu erachten. Leute sollten teils sehen, dass ihre Hunde und die allzeit gequälten Schweine im Schlachthof ähnlicher sind, als viele wissen wollen. Klar, dass wir manche Tiere so behandeln wie "Schlachtvieh", stumpft uns ab. Das macht tendenziell "cooler", also "kälter", was in einer Welt, in der der Mensch Krieg auf vielen Ebenen führt, zum Vorteil werden kann. UND: Viele würden, wären sie sensibler, die Nachteile der Autos, der Flugzeuge, der Videospiele sehen. Doch dann müsste man für Ideale Einsatz zeigen, Leuten allgemein ihr Handeln und Nichthandeln an anderer Stelle mit den Folgen begreiflich machen. ABER: Was ist real, was vielleicht Täuschung? Hmmmh?! Darum soll es in meinen Büchern gehen, darum geht es in meinen Büchern. Wichtig ist mir eine Optimierung. Die bestmögliche Nutzung jeglicher Ressource. Klar, Leute dürfen Alkohol trinken, selbst wenn sie sich damit schaden. Doch soll der Konsum von Alkohol im ungesunden Maß folgenlos bleiben? Darf das Schule machen? Eher nicht! Ist es immer schlecht? Nein! Manchmal wünscht man sich aber dennoch, vom Partner/von der Partnerin früher gewusst zu haben, dass sie/er Alkohol sehr zugeneigt ist. Wäre nicht eine wahrhaftige Gesellschaft oft besser? Wahrhaftig heißt ungefähr: Maximal an der Wahrheit orientiert. Macht füreinander zu nutzen, statt gegeneinander!? So kann auch die K.I. ruhig kommen, wenn den Machern auf die Finger geschaut werden kann. Und wenn die Aktionen und Analysen und Texte der K.I. nachvollziehbar gemacht und auf Plausibilität geprüft werden können. Faulheit hat gute Seiten, denn ein System, das mit Faulheit umgehen kann, lässt damit maximale Faulheit zu. Extreme Gewalt kann auch durch ein solches System "eingeregelt" werden. Ich rede nicht von mehr Polizei, mehr Militär, mehr Bürokratie, mehr Unfreiheit. Ich sage, dass vernünftig erzogene Leute nur wenig Fehlverhalten zeigen. WENN man ihnen die Folgen bildlich "zeigen" kann. Viele wollen gar, bereits jetzt, ein sozialeres, gesünderes und vernünftigeres Verhalten zeigen. Sie haben sich nur nicht in dem Ausmaß im Griff, es ohne Anleitung zu erlernen. Andere warten schlicht auf ein Verbot, von z.B. Alkohol, um ein Argument zu haben, sich davon zu lösen. Diese Verbote halte ich jedoch, wie viele Gesetze, für zu "invasiv". Solch drastische Eingriffe in die Alltagskultur machen nur Sinn, wenn die Menschen sich und anderen extrem schaden, ohne lernen zu wollen. Viele Leute trinken nicht im Übermaß, und genau DAS ist eine Kompetenz. Nee, ich will nicht, dass

man Kurse im Trinken von Spirituosen anbietet.
Auch wenn manche sich das jetzt ausmalen. Nein,
das von mir vertretene Modell soll eine Tendenz
vorgeben, dass Menschen zunehmend fähig und
selbstbestimmt werden, während sie allein oder in
der Gruppe zunehmend soziale Kompetenz
erwerben und vermitteln UND dennoch Fehler
wagen dürfen, die Folgen aber gering halten.
Vielleicht in einer Simulation!
Wichtig ist in dem Zusammenhang Macht über
das eigene Leben und auch die Möglichkeit zur
Reproduktion zu erwerben. Das nimmt Angst und
gibt eher Anlass, eine stabile Gesellschaft
anzustreben. Auch die meisten Drogen zielen auf
diese "Lücken", Drogen nehmen Schmerz
(Opiate), stillen das Hungergefühl und beruhigen
(Tabak), gaukeln "Mut" vor (Alkohol),… Selbst
Spiele und Nahrungsmittel (Fidget-Toys und
Kaugummis) sollen von kleinen Ängsten, wie
Stress das teils ist (Eustress sieht man eher als
Herausforderung, Distress kann sehr unangenehm
sein), ablenken. Kaugummis gaukeln die
Aufnahme fester Nahrung vor, da der Nährwert
fehlt, werden manche nervös, was sie mit weiteren

Kaugummis oder Ähnlichem ausgleichen. Häufig
steigt bei alledem, wenn man nicht bewusst
dagegen Maßnahmen ergreift, auf Dauer die Dosis
oder man steigt in "härtere" Drogen, Waffen,
Werkzeuge,… ein.
So treiben Menschen sich gegenseitig, durch
Konkurrenz, in Risikogebiete. Und das ist nicht
nur schlecht, da es uns Kompetenzen erlangen
lässt, die unser Leben verbessern KANN oder
verschlechtern. Aber ja, auch viele Opfer sind
dadurch zu beklagen. Und das mit dem Beklagen
ist ernster gemeint, als es sich manche vorstellen
können. Opfer durch Hunde, die Verkehrstoten
(die Autofahrer meist nicht erzeugen wollen, aber
durch das Autofahren in Kauf nehmen), Opfer
durch die vielen Dummheiten und
Feindseligkeiten in dieser Gesellschaft, die so
nahe am Klischee des Mittelalters oder der ersten
Hominiden-"Banden" ist, die sich durch Sprache
und Glaube und Unterwerfung an "FührerInnen"
bildeten.

Zettel 25: Pfffft...

Samstag, 6. Januar 2024

Ist alles, was Spaß macht, eine Bewältigung von Angst und damit Eustress? Warum hält uns das jung?

Warum sind wir aber nach zu viel Spaß verbraucht aber erfüllter? Wieso mögen andere unseren Spaß mit ihnen nicht? Lachen wir aus Erleichterung von Angst und aus Angst? Auch im Bereich der Nachrichten lauert eine Art Drogenwirkung und Sucht. Viele Leute härten sich mit der Beschäftigung negativen Ereignissen ab, ziehen sich damit aber auch Angst mit ins Denken und Fühlen. Zudem droht auch hier, ähnlich dem Umgang mit Tieren als Nahrung, durch die Verrohung, eine Neigung zu Gewalt und zum Teilen solcher angstmachender und bedrohlicher Weltanschauung. Das ist, in einer Gesellschaft, in der die Leute einander UND sich selbst nicht trauen können, eine notwendige Vorgehensweise. Leider zerstört das allgemein die vorhandene Unschuld der jüngeren Generation, die so auch zu TäterInnen heranwachsen. Die Unschuld ist, sozusagen, der Treibstoff, den man bei alledem weitertragen möchte. Die Mehrheit der Leute schadet dem jedoch nur.

Die Bauern, die „letzte Generation",… protestieren gegen die Folgen des eigenen Handelns. Nahezu ähnlich einem Protest gegen Meteoriteneinschläge oder Tsunamis, bloß dass es etwas mehr in unseren Händen liegt. Der Verlust von Wohlstand ist für viele aufgrund der großen Probleme, die nötigen Ressourcen zu erlangen, absehbar.

Der allgemein einsetzende Niedergang erzeugt unsichere Gefühle und dagegen wird aus Hilflosigkeit dann eben protestiert.

Zettel 26: Blubb, blubb, päng?

Die meisten PolitikerInnen, die meisten
Normalbürger, sind in ihren "Blasen" zu Hause.
Beide Gruppen erzählen sich von sich selbst
Geschichten. Das öffentliche davon wird zum
Narrativ. Zumindest war es bisher so. Doch gerade
diese beiden Narrative werden von der jeweils
anderen Gruppe immer weniger verstanden, man
hat sich entfremdet. Die "Blasen" sind das "eigene
Land", die "eigene Kultur", das "private Umfeld",
die "Blase der Ergebnisse für personalisierte
Vorschläge von Informationen aus dem Internet",
… Die Geschichten, die das Narrativ bilden, sind
die eigenen verfügbaren oder gewollten
Erinnerungen und Erlebnisse, sowie die jeweilige
Reaktion und Meinung dazu, die man zu einer
"Erzählung davon, wer man ist und was man will"
verknüpft. Auch Staaten haben solche Narrative,
da nennt man sie Politik oder eben Geschichte.
Die Erzählungen sind so dicht und glaubwürdig
und mit Wahrheiten gespickt, dass man, langsam
oder schnell, von einem Narrativ ins nächste
wechseln kann. "PutinversteherInnen",
"BidenversteherInnen", "ScholzversteherInnen",

… "Christen", "Muslime",… All das sind solche Teilwahrheiten. Die eigentliche Wahrheit ist natürlich versteckter und derzeit kaum zu finden aber annäherbar, man muss dafür aus solchen Tellern ausbrechen und die "Relativität" der einzelnen "Wahrheiten" erkennen, bis man bei der relativ-relativen Realität angelangt ist und das geht, indem man in jeden verfügbaren Teller temporär eintaucht und das "Basismuster" abstrahiert, dann aber wieder aus dem Teller heraus findet.

Zettel 27: Wir?

Das Wort "wir" wird schier inflationär genutzt. Wenn ich "wir" sage, meine ich alle, die sich angesprochen fühlen sollten, also die gesamte Menschheit. Ich will auch ein "wir"-Gefühl erzeugen, bei möglichst vielen. Gleichzeitig ist es mir wichtig, dass jedeR für sich denkt und handelt, da gerade die großen Gruppen mit dem von ihnen generierten "wir"-Gefühl recht viel Unsinn treiben können.

Zettel 28: Flucht und Betäubung

Dinge zu relativieren, ist für manche eine Flucht aus der Notwendigkeit, sich mit der Realität auseinanderzusetzen. Nicht alles fühlt sich gleich gut oder schlecht an, damit gibt es im Bereich der Gefühle für viele ein "Gut" und "Schlecht". Man könnte aber argumentieren, dass Masochisten sich mit ihrem Verhalten "gut" fühlen. Aha, auch sie wollen sich gut fühlen?! Der kategorische Imperativ von Kant baut sehr auf der Gewissheit auf, dass ein System des Zusammenlebens darauf angewiesen ist, dass es für alle gleichermaßen und zufriedenstellend FUNKTIONIERT. Die Praxis ist entscheidend, bei fast allem. Wir verstehen vielleicht die Werte und die Argumentation von MörderInnen manchmal. Aber darf deren Einstellung Schule machen? Sollen dann alle überlegen, ob Mord nicht vielleicht die Probleme der Welt löst?! Oder soll das Autofahren sich global bei allen so durchsetzen, dass wir, -hallo Realität, die Natur so schädigen, dass viele Menschen sterben. Von der Natur muss ich hoffentlich nicht mehr so häufig reden.
Klar, man kann einen Würfel werfen und sich

streiten. Man wirft eine Drei und irgendwer sagt, das wäre eine Fünf. Die Wörter sind austauschbar, aber wenn da drei Punkte oben liegen, ist das ein Fakt.

Die Leute relativieren, damit sie für alles und jeden wenig Angriffsfläche bieten. DAS kann auch ok sein. Jedoch, wenn dann Leute nicht gebremst werden, die dissozial sind und handeln, kommt das Problem schnell vergrößert wieder, womöglich.

Zettel 29: Ja klar?!???

Mir sagen die Leute, ich soll wählen oder in "die Politik" gehen, wenn ich etwas ändern will. Da kann ich nur fragen, wo die Demokratie funktioniert und wann ein Politiker zuletzt idealistisch war und ob die Leute mir zutrauen, dass ich gegen die Interessen der Mächtigen auf Dauer bestehen würde, gerade wenn mir quasi keine Option gelassen wird?!
Von innerhalb des Tellers, der bei den Leuten unterschiedlich gefüllt sein kann, ist eine Veränderung meist nur in Notzeiten möglich. "Wer nicht wählt, wählt "rechts" oder "links"", sagen manche. Ich sage, wer nicht wählt, wählt quasi neutral. Persönlich mache ich den Wahlschein meistens bewusst "ungültig". Denn ich habe nichts gegen das Wählen, bloß gibt es keine Partei, keine PolitikerInnen, die ich reinen Gewissens wählen kann. Selbst über andere gewählt zu werden, will ich nicht, will nur meinen Teil als Bürger verantworten, nicht allzu viel Verantwortung oder gar Macht haben, da das "korrumpieren" kann. Unglücklicherweise sieht die Gesellschaft schlechten Zeiten für viele

entgegen, vor denen ich warne und worüber ich mich aufzuklären bemühe. Andere Leute haben da weniger Probleme mit, dass es so kommen dürfte. Denn sie sind noch weitaus macht- und hilfloser als ich (oder sehr, sehr mächtig, -noch). Erstere und teils auch die anderen fliehen in besagten Fatalismus, Sucht, Konsum, Umweltzerstörung, Arbeit, Ausbeutung der Natur und anderer, Relativierung, sie wandern aus oder fliehen sich in Medien (Games, Musik, Fluchtliteratur,…).

Schlagt Gesetze vor, bearbeitet diese und stimmt darüber ab, welche Gesetze wie in die Realität umgesetzt werden sollen. Nutzt deren Schwächen nicht aus, sondern stopft die Lücken und bestraft das Umgehen des durch die Gesetze ausgedrückten guten Willens.

Zettel 30: Tagebuch VI

Sonntag, 7. Januar 2024
Was Du nicht willst, das man Dir an Gewalt antue,
davon halte ich auch, nach einer eingehenden
Prüfung, andere bei anderen ab. Schaden an
Menschen oder der Gesellschaft aller Menschen
ist abzuwenden und sollte geahndet werden, wenn
dahinter nicht gute Gründe stehen.
Intelligenz weist oft auf Angst als Ursache hin.
Intelligente Leute haben angeblich weniger
FreundInnen. Denn weil sie weniger FreundInnen
haben, haben sie mehr Angst. Der dauerhafte
Gebrauch der Intelligenz kann Angst steigern oder
mindern. Mut macht den Umgang mit der Angst
möglich. Vieles kann die Angst verdrängen oder
gar "vergessen" helfen. Doch vor der Angst davon
zu laufen, endet typischerweise fatal, wenngleich
auch hier immer eine Lösung, im Rahmen des
Möglichen, drin ist. Intelligente Leute
„vergrätzen" auch andere durch Rechthaberei und
Recht haben. In unseren Systemen sind die Leute
auf „Recht" aus, weil das Sicherheit verspricht,
man kann im Recht teils freier handeln. Leider
sind Gesetze teils Unrecht und bestimmte Leute

bauen auf Gesetze, statt auf Gerechtigkeit. Die Leute wollen den (Ver-)Führerinnen glauben, die ihnen Besitz und Gewinn versprechen, weil ihnen die Geschichte vom Reichtum und Besitz gefällt. Kann man doch so bessere PartnerInnen zur Fortpflanzung leichter finden. Gesetze und Politik sind eine Fortsetzung des Krieges, mit anderen Mitteln. Daher führen Diskussionen über das Thema, wenn die Gesprächspartner unterschiedliche Prägungen auf Ideologien haben schnell und teils unvermeidlich zu Streit. Leute, die nicht denken, sondern eher urteilen, haben ihre speziellen Nischen. Manchmal ist Dummheit von Vorteil, wodurch sie nicht mehr ganz so dumm ist. Andererseits ist Intelligenz teils hinderlich, gerade, wenn man IdealistIn ist.

Dienstag, 9. Januar 2024
Immer schauen: Liebt der Mensch Dich oder das Gefühl, dass Du auslöst. Liebt man den anderen oder die eigene Reflektion am anderen!?!

Wie gesagt, Medien sind teils mindestens

zweischneidige Schwerter. Sie trennen zuerst die Leichtgläubigen von den Zweiflern. Dann trennen sie unter den Anwendern zwischen denen, die es zur Flucht nutzen, und denen, die damit schier wissenschaftlich arbeiten. Unter denen, die sich darin verlieren, sind mehr von denen, die sich selbst verlieren, aber auch mehr, die daraus essentielles zu ziehen in der Lage sind. UND: Die dauerhafte Beschäftigung mit Esoterik oder mit der Geisteshaltung der Spiritualität hält auch fit, wenn es nicht krank macht. Während man auf eine Nische in der Gesellschaft lauert, ist man damit potentiell gut beschäftigt und kann gar tiefergehende Einblicke erwerben. Manche Leute wandeln sich jedoch zu einer Art "Falle" für andere, gerade für manche Leichtgläubige.

Zettel 31: Böse Öse, liebes Kamel

Glaube kann, wie gesagt, auch Angst machen und ist daher für Leute, die Macht darin sehen, selbst einschüchtern zu können, potentiell attraktiv. Aber Glaube nimmt auf gewisse Weise auch Angst, weil in den religiösen Texten beispielsweise auch Gewalt als Handlungsoption nicht komplett verboten und geächtet wird. Auch daher sind, gerade religiöse Menschen, auch zu Gewalt in der Lage, wenn sie mit Angst Machen nicht weiterkommen oder sich selbst in Angst hinein gesteigert haben. Diese Form der Angst nennen sie Ehrfurcht oder Gottesfurcht. In vielen Religionen existieren Ver- oder Gebote, die Mord ächten. Aber es gibt auch Berichte, dass die angeblichen Götter/Gottwesen selbst, trotz Allmacht (die das anders möglich machen sollte) selbst Menschen und auch Tiere bestrafen, ertränken, ermorden,… Auch die Beichte und das Beten werden teils genutzt, Rechtfertigung für Gewalt und Kriminalität zu schaffen und sich das Gewissen zu erleichtern. Das führt schnell zu weiteren Verstößen. Das natürliche Verhalten wird so überschrieben, wie auch die Wiederholung von

Glaubensinhalten in Meditation und Gebet zur Umprogrammierung dient (ich wiederhole auch manches!!!). So haben religiöse (Ver-)FührerInnen immer AnhängerInnen, die auch zu Gewalt bereit sind, um den "Willen" ihrer Gottheit/-en in die TAT umzusetzen. So unsinnig das auch sein mag. Als hätte ein allmächtiges Wesen es nötig, seinen Willen mit Hilfe von Menschen umzusetzen. Die Anhänger dieser Art von Ideologie glauben schier auch, dass Leute durch göttlichen Einfluss geheilt werden und fragen sich nicht, wieso erst zugelassen wird, dass Menschen krank werden. Sie schieben das "Negative" auf ein oder mehrere "böse" Wesen. Dass diese "Teufel" oder "Hexen" niemals gegen den Willen und die Macht eines Allmächtigen irgendetwas tun und bewirken könnten, verstehen sie selten. Ähnliches gilt für religiöse Texte. Wieso sind sie nicht in unserem Bewusstsein gespeichert? Wieso existieren sie nicht seit Anbeginn der Zeit, wenn sie "Böses" verhindern sollten? Wieso steht in ihnen so wenig Nützliches und so viel Widersprüchliches? Um Grund für Streit zu liefern? Oder um die Wissenschaft mit der Arbeit an Medikamenten,…

zu beschäftigen? Wieso muss man die Texte übersetzen, drucken, lesen, interpretieren, verstehen, austeilen…? Wieso hat man nicht die Möglichkeit, "Gottes Weg" frei zu befolgen, also ohne sich an diese Regeln halten zu müssen, denn das ist es, was Freiheit bedeutet. Wieso sind gerade Gläubige eher arm? Wieso gibt es den Grundsatz "bete UND arbeite", wieso genügt Beten alleine vielen nicht? Wieso brauchen Kirchen Geld? Woher kommen die Häufungen von Kindesmissbrauch in der Gruppe von PriesterInnen? Wieso fechten religiöse Leute Kriege aus? Wäre Vertrauen in ihre allmächtigen Wesen nicht besonders realisiert, wenn sie als Menschen, KEINEN Einfluss auf die Welt nehmen? Etc., etc.,… Freiheit ist, wenn man nichts Bestimmtes tun MUSS, um etwas gewünschtes zu erreichen. Freiheit kommt ohne Zwang aus, zumindest in der Definition, die ich kenne. Etwas für Geld, Macht, Glaube, Glück,… tun zu MÜSSEN, ist per Definition KEINE Freiheit. Wenn also eine Glaubensgruppe Regeln, die man einhalten muss, hat, ist da keine Freiheit. Selbst wenn die Regeln nicht immer kompletter

Unsinn sein müssen. Ich habe kein Problem mit der Unfreiheit, aber ich sehe die Unfreiheit nicht als Freiheit an.

Zettel 32: Tagebuch VII

Mittwoch, 10. Januar 2024

Wenn die Glaubenstexte von Gott kommen, gibt es ihn/sie, denn das wäre ein Beweis. Dann gäbe es aber keinen Glauben, sondern Gewissheit! Wieso erscheint Gott dann nicht, ohne zu töten, zürnen,… einfach und bringt uns ein besseres Leben?! Gott könnte uns allen dann, ohne unsere Freiheit einzuschränken oder auf Widersprüche mit der Logik zu achten, Gesundheit, Glück,… gar Allmacht verschaffen.

ODER: Ist Glaube nicht einfach Ideologie, um gerade die Armen und Ungebildeten zu steuern und ruhig zu halten?!

Quiz: Nenne eine Errungenschaft des Glaubens, die in den letzten Jahrhunderten unser Leben besser gemacht hat!?!

19:17 Alles was geschieht, ist bei der Annahme der Existenz eines allmächtigen Wesen, dessen Wille. Gegen den Willen eines solchen Wesen kann man nichts tun oder lassen. Auch daher ist keine Freiheit möglich, wenn man an solche Wesen glaubt, gerade wenn ein bestimmtes Verhalten belohnt oder ein anderes bestraft wird.

Gegen Belohnung an sich oder gerechte Strafen habe ich nichts. Jedoch schränken Strafen und Belohnungen die Freiheit ein, schlecht zumindest, wenn man sich daraus etwas macht.

19:19 Wissenschaft ist quasi kein Glaube, da sie teils zuverlässig funktioniert, und auch immer zuverlässiger. Was aber nicht immer gut ist.

19:20 Religion ist teils eine Herrschaftsform. Cui Bono enthüllt, wem das nutzt, zum Beispiel zur Konkurrenz bis hin zum Krieg. (Ver-)FührerInnen mit Interessen oder Wahn oder Langeweile,…

19:22 Es gab Gläubige, die mir funktionierende Argumente verbieten wollen, weil ich dabei bleibe und sie wiederhole.

19:23 Technik macht Menschen als Arbeiter zunehmend obsolet. Auch für Kriege, intelligente Lösungen gebieten sich selbst und verbieten teils Negatives.

Acht- Gegen die „so Gott will-Willkür"

Ist "Eigenschaftslosigkeit" eine Eigenschaft, die Betreffendes nicht hat, wenn es sie hat?!

Quantenlogik! Schwimmen wir nur auf einer "Eisscholle" der Festkörperphysik, auf einem Ozean des Nichts, des Chaos, der Möglichkeiten und der Unschärfe?

Donnerstag, 11. Januar 2024
Portal.
23:27 Lachen ist ein Ausdruck von sich lösender oder akuter Angst. Wenn Leute geneckt oder geärgert werden, kichern oder lachen sie also aus Angstbezug. Im Kennenlernen, gerade junger Frauen, nähern sich gerade junge Männer durch die Versuche körperliche Nähe herzustellen, an. Kurze Vorstöße, durch sachte Berührung, gerade an „kitzligen" und damit „symbolischen" Stellen zeigen, dass man es nicht "böse" meint. Bindung entsteht. Auch Witze gehören in diese Kategorie des menschlichen Verhaltens. Das Lachen aus Freude, das es wohl auch gibt, ist extrem selten geworden.
K.I. darf kaum Fehler im Aufbau haben. Menschen sind aber recht widersprüchlich und sich sogar der eigenen Motivationen und des eigenen Verhaltens nicht immer bewusst. Da soll

dieses Buch ein wenig klären und Abhilfe schaffen.

Sonntag, 14. Januar 2024

Fehlende Angst kann Angst machen.

Unterforderung kann überfordern.

Zettel 33: Praxis!!!

Das Tarot, Rituale, Gebete,… können uns Menschen eine Orientierung schenken. Man kann sich aber auch verirren und selbst täuschen sowie indoktrinieren. Daher ist eine Herangehensweise aus Richtung eines kritischen Denkens ratsam. Man muss Veränderungen IMMER auf natürliche UND „überirdische" oder „außerirdische" Einflüsse prüfen, das sollte jedoch nicht in Illusion oder Formen der Krankheit enden.

Zettel 34: Zufrieden zum Frieden?

Die Zufriedenen bleiben teilweise kindlich oder kindisch, um sich nicht ändern zu müssen oder gar eine sinnvolle Lösung forcieren zu müssen, das mündet schließlich möglicherweise in Konflikten mit der Realität. Zudem ist die wissenschaftliche Methode in Kombination mit kapitalistischen Vorgehen allzu effizient in der Umwandlung und zerstörerischen Ausbeutung von Menschen und Natur, dabei aber für viele nicht zufriedenstellend. Die Balance zwischen Zufriedenheit und Konstanz gegenüber Unzufriedenheit und Wandel gegenüber Angst und konstanter „Sicherheit" gegenüber Gewinn und dem Erschließen neuer Quellen von Rohstoffen, Erkenntnis und Reichtum, ist in Gefahr. Regierungen sind an allem interessiert, das Formen der Herrschaft ermöglicht oder erleichtert. Bei hauptsächlich guten Absichten dahinter schießen Regierungen seit Jahrhunderten immer wieder über das Ziel hinaus. Der Weg in die "Hölle" ist mit guten Vorsätzen gepflastert!" Die destruktiven Systeme waren ein Vorteil, der an Konkurrenz Angepasste war dort fitter. Das hat sich wahrscheinlich mittlerweile geändert. Darauf muss zeitnah reagiert werden. Wir sollten schleunigst lernen, uns gute Regeln zu erarbeiten. In Einklang mit der Wahrhaftigkeit, anpassungsfähig. UND: Das auf dem SINN dahinter basierende Verhalten zeitnah erlernen. Sonst: ANGST und Schmerz und TOD.

Angst bekommen? Chill`ma`! Oder TU etwas, mit aller Ruhe.

© 2024 Jürgen S.
Herstellung und Verlag:
BoD – Books on Demand, Norderstedt
ISBN: 9783758331640